# PIERRE LASSERRE

# MES ROUTES

## LITTÉRATURE
## QUESTIONS GERMANIQUES
## QUESTIONS D'ENSEIGNEMENT
## PHILOSOPHIE

PARIS

LIBRAIRIE PLON

PLON-NOURRIT et Cⁱᵉ, IMPRIMEURS-ÉDITEURS

8, RUE GARANCIÈRE - 6ᵉ



8ᵉ édition

# MES ROUTES

OUVRAGES DU MÊME AUTEUR

*Le Grand Prix de Littérature a été décerné en 1922 par l'Académie française à M. Pierre Lasserre pour l'ensemble de ses œuvres.*

A LA MÊME LIBRAIRIE

**Le Crime de Biodos.** Roman.
**Cinquante ans de pensée française.**
(Collection *la Critique)*

Chez GARNIER frères, éditeurs

**La Morale de Nietzsche.** *(Nouvelle édition augmentée d'une préface.)*
**Les Idées de Nietzsche sur la musique.**
**Le Romantisme français.** *(Essai sur la révolution dans les sentiments et dans les idées au dix-neuvième siècle.)*
**La Doctrine officielle de l'Université.** *(Critique du haut enseignement de l'État. — Défense et théorie des humanités classiques.)*
**Portraits et discussions.**
**Les Chapelles littéraires.** *(Claudel, Jammes, Péguy.)*
**Henri de Sauvelade.** Roman.

Chez PAYOT et Cie, éditeurs

**L'Esprit de la musique française.** *(De Rameau à l'invasion wagnérienne.)*
**Frédéric Mistral,** *poète, moraliste, citoyen.*

Chez BERNARD GRASSET, éditeur

**Philosophie du goût musical.**
**Renan et nous.**
(Collection *les Cahiers verts)*

Chez CRÈS et Cie, éditeurs

**La Promenade insolite.** Roman.

Ce volume a été déposé au ministère de l'intérieur en 1924.

# PIERRE LASSERRE

---

# MES ROUTES

LITTÉRATURE

QUESTIONS GERMANIQUES

QUESTIONS D'ENSEIGNEMENT

PHILOSOPHIE

PARIS

LIBRAIRIE PLON

PLON-NOURRIT et Cⁱᵉ, IMPRIMEURS-ÉDITEURS

8, RUE GARANCIÈRE - 6ᵉ

---

*Tous droits réservés*

# PRÉFACE

Les études recueillies dans ce volume ont été écrites à des dates assez éloignées. L'une a paru dans la Revue philosophique du mois de novembre 1895. Deux autres ont plus de vingt années d'existence. C'est une épreuve de durée pour des morceaux de ce genre, surtout quand ils sont l'œuvre d'un débutant. Si je prends le parti de les réunir, ce n'est pas dans l'intention, qui serait quelque peu outrecuidante, d'initier le public qui veut bien me suivre à l'histoire ancienne de mon esprit, mais parce que ces morceaux ne me paraissent pas avoir perdu, malgré le temps écoulé, tout intérêt propre. Naturellement, je serais flatté de la curiosité qu'ils pourraient inspirer à quelques personnes, comme documents sur la formation de leur auteur. J'avoue même que, s'ils ont, comme j'ai la faiblesse de l'imaginer, quelque valeur en eux-mêmes, j'éprouve, à les produire à ce titre, une satisfaction accessoire. Toujours pénétré de reconnaissance pour les critiques qui parlent de mes travaux, surtout s'ils y mettent de la bonne foi et du soin, j'ai lu, au sujet de mes commencements, de mes filiations de pensée, des choses qui n'auraient pu être énoncées si certaines des pages assemblées ici, et qui dormaient dans de vieux numéros de revues, s'étaient trouvées au grand jour.

Au plus vieux de ces articles, intitulé Un livre sur Renan et où il est question à peu près de tout, sauf de ce livre sur Renan, se rattachent pour moi bien des souvenirs. La Revue philosophique de Ribot m'ayant demandé un compte rendu de cet ouvrage (grand honneur pour l'âge que j'avais alors), j'en profitai avec une désinvolture parfaitement naïve pour mettre sur le papier quelques généralités d'histoire universelle qui n'avaient avec l'auteur de l'ouvrage, ni même avec Renan, qu'un rapport très lointain. Cela fait, je me sentis fort mécontent de mon œuvre. Et, de crainte qu'elle ne ruinât, non ma réputation qui était à faire, mais mes espérances de gloire future, je pris le lâche parti de n'y apposer que mes initiales. La sévérité excessive de ce jugement de moi sur moi vous fera apprécier la vivacité de l'agréable surprise qui m'attendait.

Le sujet en fut la demande d'une bourse de voyage en Allemagne que je venais d'adresser au ministère de l'Instruction publique et sur laquelle il appartenait au directeur de l'enseignement supérieur de statuer. Ces bourses étaient accordées à de jeunes agrégés de philosophie, en vertu, sans doute, de ce principe discutable qu'on se perfectionne dans la philosophie au pays de Kant et de Hegel comme on se perfectionne dans les arts plastiques et la musique au pays de Raphaël et de Cimarosa. Cette seconde théorie est plus sûre. L'école de Rome me paraîtrait aujourd'hui meilleure, même pour des philosophes, que l'école de Berlin. Au surplus, n'a-t-on besoin de Rome ni de Berlin pour bien philosopher. Le vrai philosophe doit être chez lui partout. A tout prendre, il est l'homme qui se donne la liberté de mettre en question toutes choses. Le tonneau de Diogène demeure pour lui la résidence la mieux choisie, puisqu'il n'y en peut avoir de moins usurpée.

*Le directeur de l'Enseignement supérieur était alors Louis Liard. Il ne me fut pas propice. Les bureaux me répondirent qu'il n'y avait pas de crédit disponible, ce que je pouvais interpréter au sens figuré, comme applicable à ma personne à qui on ne faisait pas le crédit de croire qu'elle dût utiliser assez avantageusement les précieux deniers de l'État pour son avancement dans les hautes spéculations. Ce refus ne m'étonnait pas. Liard, qui ne me connaissait pas personnellement, avait dû consulter le dossier du récent concours de l'agrégation de philosophie. Si le rapport me concernant avait été rédigé par Ju'es Lachelier, la personnalité la plus importante du jury (où figuraient avec lui Paul Janet, Egger, Durckheim et M. Lévy-Brühl), il devait saupoudrer de bien des insinuations de méfiance la consignation matérielle de mon succès. Lachelier, auprès de qui plusieurs de mes maîtres de la Faculté s'étaient amicalement informés de la marche de mes épreuves, leur avait répondu que j'avais « l'air d'un noceur ». Pourtant je m'étais présenté au jury, revêtu de la redingote qui était en ce temps-là obligatoire dans ces joutes universitaires. Et, qui* plus est, ce vêtement avait été confectionné par le tailleur de mon village. Il devait convenir deux fois à un métaphysicien. M. Ruyssen, mon concurrent, qui fut reçu premier au concours, faisait, sans aucun doute, plus élégante figure. L'impression de M. Lachelier m'est toujours restée mystérieuse. Ce que je sais, c'est que, en fait de noce, je passais mes nuits, depuis un an, sur la Métaphysique d'Aristote et la Critique de la raison pure. Il est vrai que je lisais ces grands livres avec beaucoup d'imagination (mais ne sont-ils pas aussi de magnifiques œuvres d'imagination?). Lachelier, qui dut s'en apercevoir à mes exposés, vit sûrement en cela une débauche. Peut-être conclut-il qu'elle en supposait bien d'autres.

Mais, si ce jugement sévère avait dicté, comme je me permettais de le croire, le refus de Liard, l'effet n'en fut pas de longue durée. Peu de temps après la publication de mon article, je reçus une longue et charmante lettre de sa main qui m'annonçait un revirement, fait exceptionnel dans l'âme d'un haut fonctionnaire et dont je pouvais être d'autant plus flatté. Liard avait lu mon article qui l'avait intéressé assez vivement pour qu'il s'informât

*auprès de M. Ribot, directeur de la Revue,
du nom de l'auteur. Il avait jugé que celui-ci,
pour un noceur, ne manquait pas de sérieux.
Il avait déniché, dans un coin de son budget,
la somme approximativement nécessaire à mon
entretien pendant deux années, auprès des
Universités germaniques, où j'allais d'ailleurs
me montrer moins assidu (je le confesse à
présent que Lachelier n'est plus là pour dire :
vous voyez bien!) qu'aux représentations de
Wagner.*

*Je passai en Allemagne deux années fort
agréables, partagées entre Munich, Heidelberg
et Berlin, deux années exemptes de soucis, où
je goûtai, comme cela ne devait plus m'être
donné par la suite, aux joies de la liberté. Je
m'appliquai avec ardeur à l'étude de la langue,
dont j'ignorais le premier mot au départ. Au
bout de six mois, je soutenais convenablement
une conversation. Je me félicite du zèle que
j'y mis. La connaissance de l'allemand m'a
été d'un grand secours dans mes travaux. Elle
est indispensable dans toutes les matières où
l'érudition a une part. Cette étude me plaisait
d'autant plus qu'elle s'accommodait fort bien
de la flânerie, puisqu'on y progresse autant*

en conversant avec l'homme de la rue qu'en
suivant des cours universitaires. En fait de
cours, je n'ai un peu suivi que celui du fameux
professeur d'histoire de la philosophie de Heidelberg, Kuno Fisher. Il m'a laissé le souvenir
d'un vieillard de beaucoup de vigueur et de
carrure, d'un esprit très savant, assez gros,
d'une forte médiocrité. Son exposition était
très claire, son élocution exceptionnellement
lucide, ce qui a, je crois, beaucoup contribué
à son succès. Il y avait foule à ses leçons, et
foule cosmopolite. Heidelberg était rempli d'étu-
diants de toutes les nations. Un soir, un étudiant polonais, avec qui je m'étais un peu lié,
me conduisit à la réception du célèbre maître.
C'était un garçon fort riche, connu pour ses
habitudes fastueuses et d'une élégance de mise
qui, sans être de mauvais goût, attirait trop
le regard. Le vieux professeur lui témoignait
une considération extraordinaire. Il lui de-
manda mille explications sur son gilet, sa
cravate et ses boutons de manchette. Et il s'en
émerveillait. Curiosité qui me parut s'inspirer
de ce principe, que le métaphysicien ne doit
pas négliger la connaissance de la vie.

J'entendais beaucoup de musique, ce qui

s'accordait bien avec la vie de demi-rêve et de paresse imaginative que je menais alors et que j'ai trop prolongée, sinon pour mon plaisir, du moins pour ma réussite en ce monde. Dans les villes où je résidais, dans celles que je traversais, il ne se donnait guère une représentation de Wagner, que je n'y assistasse. Si ce fut là une source de grands enthousiasmes, ce ne fut pas une découverte rare. La Tétralogie était jouée sur toutes les scènes de l'Europe. Elle commençait à l'être à Paris. Le colosse étendait déjà ses bras sur tout l'horizon. Partout, je l'aurais rencontré. Mais il y a un poète musical de moindre taille intellectuelle, certes, que l'auteur de la Tétralogie, et bien loin de sa puissance cyclopéenne, sans être au-dessous de lui, tant s'en faut, pour l'inspiration du cœur et les dons du ciel, et duquel je ne pouvais recevoir qu'aux pays allemands la pleine et plus intime confidence : c'est Schubert. J'appris à l'aimer. Je connus ses chants les plus beaux qui sont encore ignorés en France, où on ne les saurait apprécier que moyennant une traduction qui n'existe pas et qui serait, d'ailleurs, singulièrement difficile à faire. La faible part d'enchantement qu'il nous est possible de répandre sur l'existence, la hantise de ces chants divins y a, pour moi, grandement contribué. Schubert est le second Mozart pour la beauté et la facilité angélique de la mélodie. Sa Muse est simple autant qu'elle est pure. Elle s'élève avec naïveté. Elle garde, dans ses plus hautes contemplations, un tour d'honnêteté et de candeur villageoise. C'est la Muse d'un laboureur, d'un meunier épris de l'azur, d'un paysan céleste. L'âme de paysan et de montagnard que je tiens de mes origines trouve en lui un doux et profond écho. Que de fois, dans ma jeunesse, gravissant les côtes pyrénéennes, me suis-je ravivé le sang en fredonnant quelque robuste mélodie de cet inspiré! Que de fois, dans les belles nuits d'été, il a prêté à mon cœur sa voix sereine, la mieux faite pour apaiser le tourment que nous éprouvons de n'avoir rien à répondre aux silencieuses paroles de l'espace étoilé!

Mes meilleurs souvenirs sont mes voyages à pied dans la forêt germanique. Oh! je ne la préfère pas à la forêt française. Je me rappelle combien, à mon retour d'Allemagne, les peupliers et les ormes de l'Ile-de-France rafraî-

chirent mes yeux fatigués de l'éternel sapin
allemand. Mais j'étais libre alors. Je m'ap-
partenais. Je n'avais souci de la date ni du
mois. Je ne subissais d'autres liens que ceux
de la bourse, que le sage Louis Liard m'avait
accordée un peu juste. Liens peu oppressifs!
J'attendais toujours le dernier moment pour
m'apercevoir que j'étais parvenu au bord de
l'abîme budgétaire. Ainsi ce désagrément pé-
riodique ne troublait-il guère, quoiqu'il fût
aigu, l'allégresse habituelle de l'indépendance
de corps et de tête dont je jouissais. Celle de la
tête, je n'y ai jamais renoncé. Je l'ai, au
contraire, cultivée et défendue dans toutes les
directions avec un soin vigilant qui, pour avoir
dû parfois se faire subtil, n'en fut pas moins
attentif. Quant à l'indépendance du corps, je
lui ai mis à la patte de solides fils : les devoirs
et les charges du père de famille. J'en suis
récompensé. Plus douce que mes sensations
de jadis, quand je me perdais, sans avoir de
compte à rendre à personne (le bon Liard ne
m'en a jamais demandé), dans les profondeurs
de la forêt allemande, est celle que j'éprouve à
parcourir, aux vacances, la campagne béar-
naise, avec mes deux collégiens de fils. Ces

compagnons égayent ma solitude sans la troubler. Ce sont deux autres moi-même, sans les souvenirs amers de la vie. Au voisinage de leur enfance, les ressentiments que la vie a pu laisser dans mon âme et que je ne trouverais pas toujours en moi la force de bannir, s'enfuient honteusement comme des hôtes étrangers.

Les charcuteries d'une pension berlinoise où je vivais m'avaient assassiné l'estomac. Quoique fort bien portant d'ailleurs, je n'avais plus d'appétit. Je m'ordonnai une cure d'air et de marche. Pour savoir où la faire le plus favorablement, je consultai Henri Heine qui me conseilla le Harz. Sur l'avis d'un ami que je m'étais fait là-bas, juif comme Heine, et qui partageait avec son merveilleux coreligionnaire l'art d'expliquer et d'interpréter l'Allemagne mieux que les Allemands, je résolus de pousser mon excursion jusqu'aux montagnes de Thuringe. Mon lieu de départ fut Gotzlar petite ville dont la place publique porte au beau milieu un grand Christ dont Heine a parlé comme de l'image de son plus cher ennemi, en phrases d'une pointe si aiguë et si trempée d'amertume qu'elles ont dû ajouter aux souffrances séculaires du Crucifié une blessure de plus et fouiller ses chairs plus avant que la lance du soldat romain.

Chaque matin, d'assez bonne heure, je commençais mes ascensions, le dos chargé d'un grand sac qui contenait tout mon équipage et mes vivres pour la journée. Un bain aux eaux du premier torrent que je rencontrais (hélas! ce ne sont plus là des bêtises à faire à mon âge), le déjeuner pris sur un rocher qui me servait de table et dévoré, la longue sieste sans sommeil, en regardant, par les interstices du feuillage, le ciel bleu poursuivre sa lente et insensible révolution, puis la marche, la marche inlassable parmi les enchantements silvestres qui se renouvelaient à chaque pas, quel délicieux emploi du temps! Comme mes soliloques se donnaient carrière à l'abri des hautes futaies qui en protégeaient les hardiesses sans ménager le libre espace à leur expansion. Dans une de ces méditations, je crus avoir, philosophe que j'étais, entrevu dans un prodigieux éclair le fond du fond du système de Leibniz. Mais, sans doute, Jules Lachelier n'aurait-il pas approuvé cette interprétation intuitive qui devait, en effet, n'être pas fort scolastique; car elle ressemblait beaucoup au chant de l'oiseau dans Siegfried. J'avais peut-être pris une réminiscence de Siegfried pour la plus profonde pensée de Leibniz. Siegfried, Leibniz, je les avais embrouillés, je devais être à moitié endormi.

Le faible diamètre du massif montagneux me permettait d'arranger des itinéraires qui, dans un même jour, me conduisaient jusqu'à ses altitudes et me rabattaient tardivement sur quelqu'une des petites villes qui en flanquent les abords. Là, je trouvais le souper, le gîte et quelques entretiens. Si simples que fussent mes interlocuteurs, ils me charmaient. La longue solitude de la journée me réservait pour le soir une grande fraîcheur d'impressions morales. Trop longtemps éloigné de l'humanité, j'avais besoin d'elle et je n'étais pas difficile. L'hôte, l'hôtesse, la servante, les buveurs de bière ne manquaient pas de considération pour le Franzose qui savait employer des mots allemands dont le sens les laissait rêveurs. Je me servais du vocabulaire de Gœthe avec d'énormes fautes grammaticales. Jamais je n'ai tant énoncé de vérités premières, pour la simple raison que le lieu commun m'était plus aisé à exprimer dans cette langue étrangère que les nuances raffinées de la pensée. Je crois que l'auditoire me trouvait profond, notamment quand je déclarais que l'imprimerie et la poudre à canon avaient changé la face du monde. L'instituteur, devant qui je formulai un jour cette sentence, s'en montra ravi et s'écria que les Français et les Allemands devraient bien s'entendre, étant égaux de culture, ebenbürtig in der Cultur. Celui-là n'était point pangermaniste. Il a dû le devenir depuis. Ce chancre, qui a pour première racine la prussianisation de l'Allemagne, commençait à se développer. Je le discernais surtout chez les professeurs d'université. « Rendez-nous l'Alsace-Lorraine, répliquai-je à mon homme. Nous serons bons amis. » Il essaya de me prouver que la défaite de 1870 avait été très bienfaisante pour la France.

Elles ont de jolis noms, ces petites villes du Harz et de la Thuringe, des noms frais et fleuris comme leurs ravissants jardins publics, sonores comme l'eau des montagnes qui ne cesse de chanter à tous leurs coins de rues. Je me rappelle Treseburg, Wernigerode, Friedrichsroda.

*Un soir, je m'égarai dans ma course. J'étais parvenu sur un sommet assez fréquenté des touristes, où passait la frontière qui séparait deux petits États allemands : Saxe-Meiningen et Saxe-Cobourg-Gotha, si j'ai bonne mémoire. De part et d'autre de cette frontière, deux jolis hôtels. Quelques dîneurs étaient attablés sur les terrasses. Le repas semblait appétissant. Les bouteilles de vin du Rhin au long col réfléchissaient les derniers rayons du jour. D'agréables fumets de cuisine émanaient des soupiraux du sous-sol et dépouillaient de tout charme les provisions desséchées qui me restaient dans le sac. Dans lequel des deux hôtels devait-on dîner le mieux? J'hésitais. Eux aussi me paraissaient* ebenbürtig. *Hélas! je n'avais pas l'embarras du choix. Je n'avais pas lieu de faire comme l'âne de Buridan qui tourne alternativement la tête vers l'une et l'autre des bottes de foin également tentatrices placées à sa droite et à sa gauche. Je ne pouvais que la balancer verticalement sans plus de faveur pour Gotha que pour Meiningen, pour Meiningen que pour Gotha. Toute préférence politique m'était défendue par la légèreté de mon porte-monnaie. Il fallait que je descendisse à Fried-*

richsroda où j'étais certain de trouver quelques
subsides de mon cher père. Je m'informai du
chemin et l'on m'indiqua, comme devant m'y
mener dans une heure, une traverse, bien digne
de son nom, car elle allait m'en causer beaucoup d'autres. La nuit tombait. Sous les sapins
où je m'engageai, les ténèbres étaient com-
plètes. Je perdis ma direction, tombant tour
à tour sur d'inextricables fourrés et sur des
ravins où je me serais cassé la jambe. J'errai
ainsi pendant des heures, passant des bois
obscurs aux clairières enchantées par le clair
de lune, désespérant de retrouver mon orien-
tation avant le lever du soleil et charmé de
l'histoire. Il était deux heures du matin quand
je me trouvai à l'improviste devant une appa-
rition merveilleuse. Au centre d'une immense
pelouse se dressait un ravissant petit château
de la Renaissance, enveloppé dans la blan-
cheur lunaire qui en rendait visibles tous les
ornements. Quelqu'un eût été plus digne que
moi de cette vision magique, de cette bonne
fortune de poésie : Gérard de Nerval, l'amoureux de la vieille Allemagne, de l'Allemagne
des songes; quelles adorables fantaisies elle
lui eût inspirées! Je résolus d'attendre le jour

*à cette place. Il parut. Le château perdit de son charme.*

*Je fis l'ascension du fameux Brocken, le mont damné, fréquenté par les sorcières et les démons qui, à certaines nuits de l'année, s'y réunissent pour leurs sabbats. J'avais l'esprit possédé par le* Faust *de Gœthe que je ne cessais de lire. Les tableaux du poétique univers que cette immense composition fait vivre me saisissaient l'imagination. Depuis que je m'étais rendu capable de la lire en allemand, il n'est guère de sujet que je n'eusse pu illustrer avec les textes de cette Bible. Les légendes populaires du Brocken lui ont fourni des scènes célèbres où le génie de Gœthe étoffe de cent inventions opulentes les données grimaçantes et décharnées de ces récits de sorcellerie. Tandis que, la zone des forêts dépassée, j'escaladais, par une soirée orageuse à point, les pentes supérieures du mont, sauvages et semées de roches, les vertigineuses images de ces scènes d'enfer me poursuivaient et cernaient mes pas. Hantise étrange et qui pourrait paraître puérile, alors qu'il ne s'agissait que de diableries. M'en rappelant la vivacité, je me les explique par les étonnantes profondeurs de sens de tout ce fantastique du Faust, par la merveilleuse appropriation de l'invention pittoresque au fond moral qu'elle symbolise, par le génie hautement ironique, qui met tant de pensée dans ce symbolisme. Si ces figures de cauchemar m'obsédaient, c'est à cause de l'extraordinaire saillie d'expression avec laquelle elles personnifient les réelles puissances du mal qui mènent la ronde dans la nuit de Walpurgis. Je croyais marcher au milieu de tout ce que le poète évoque. Je sentais autour de moi tous les éléments émus par les apprêts de la fête maudite. Je voyais les feux follets bondir comme des fous autour des crevasses ouvertes sur les souterrains illuminés où se préparaient les orgies des diables avec les illustres pécheresses de l'antiquité païenne, Hélène, Laïs, Cléopâtre, devenues reines des sataniques royaumes. Je voyais dans les airs les sorcières emportées au galop de leurs balais enflammés, qui tourbillonnaient de toutes parts pour rassembler les invités de Satan. Parfois, à l'extrême horizon, apparaissait dans le ciel sombre une lampe rouge, œil dardé de loin sur la montagne infernale et qui attestait que, par cette nuit propice, l'enfer avait, dans toute la nature, des complicités.*

*Décidément, je gaspillais ma bourse officielle. Elle ne m'avait pas été attribuée pour que je courusse les traces du sabbat. Il est vrai qu'au milieu même de ces exercices d'imagination, l'honnête préoccupation de la philosophie qui était mon métier et la raison d'être de mon voyage, ne cessait pas de me suivre. Pendant la nuit que je passai à l'hôtellerie du Brocken, j'eus un rêve qui prolongeait les visions de ma veillée frissonnante. Les sorcières menaient dans les nuages leur steeple enragé. Il y en avait une, de taille énorme, qui passait et repassait devant moi en me regardant avec un air de sarcasme. Elle portait sur ses maigres épaules une très grosse tête qu'une bizarre torsion du cou tenait constamment infléchie, et en qui je reconnus, ô terreur! la tête de Jules Lachelier. Soudain, elle arrêta sa galopade et sauta à terre. Devant elle, avaient surgi, je ne sais comment, deux vastes hémisphères couleur de chair qu'elle touchait presque du bout de son nez et qui n'étaient autre chose (pardonnez-moi!) que le derrière de Cléopâtre, mais d'une Cléopâtre considérable et puissamment germanique. La diablesse empoigna le manche de sa monture tombée à terre, en trempa les* crins dans un barillet d'encre écarlate qu'elle portait en sautoir, et, se servant des deux rondeurs merveilleuses qui n'avaient jamais rêvé cet emploi, comme de tablettes, se mit à y tracer en caractères d'enseigne l'inscription suivante : FORMES A P... Arrivée à cette lettre, elle tourna vers moi le regard malicieusement interrogateur du pédagogue qui tend à l'élève la perche de la première lettre du mot pour lui faire accrocher le mot. La réponse n'était pas difficile; mais ma voix, comme on dit en bon style de roman, s'étranglait dans ma gorge; je ne pouvais plus proférer un son. La maligne ricana; et, reprenant sa besogne, acheva de disposer en guirlande les termes de la célèbre formule kantienne : FORMES A PRIORI DE LA SENSIBILITÉ. — A posteriori! a posteriori! m'écriai-je d'une voix subitement recouvrée où éclatait l'irritation de voir embrouiller les évidences les plus manifestes. Mais la violence que j'y mettais me réveilla brusquement.

Ce songe était inepte comme tous les songes. Qui pis est, il était pédant. Du moins son pédantisme prouvera-t-il que je ne manquais pas de conscience au point d'oublier ma profession universitaire et que je ne négligeais pas tout à fait les grands métaphysiciens. Revenons donc à la philosophie, cette dame, non de mes pensées, mais de quelques-unes de mes pensées.

Le mirage qui enveloppa aux yeux des générations du dix-neuvième siècle, les systèmes de la philosophie allemande, avait bien perdu de son vieil éclat. Il n'était pas évanoui. L'attrait traditionnel ou légendaire s'en faisait encore sentir à mon imagination naïve. « L'ivresse » avec laquelle Taine nous raconte avoir lu Hegel, en province, une année de suite, vers sa vingt-cinquième année, je n'en avais pas fait l'expérience, car je n'avais pas précisément lu Hegel; mais j'en nourrissais le pressentiment, je l'espérais, je la cherchais outre-Rhin. Je ne devais pas l'y trouver. Cette séduction par anticipation allait se dissiper à la vue plus proche de l'objet qui me l'inspirait et se changer plutôt en une disposition contraire. Cependant, il s'en faut de beaucoup que je la confesse aujourd'hui comme une complète erreur. Elle avait au moins ceci de bon, de n'être insensibilité ni indifférence et de désigner cet objet à ma considération la plus attentive. Rien de plus utile, rien de plus justifié, si cet objet, quoi qu'il y eût à en penser

*

sous le rapport de la qualité et de la valeur,
avait, comme fait, une extrême importance.
Comment la lui dénier? Mme de Staël, Cousin,
Renan, Taine, ont vu les métaphysiques allemandes dans un rêve; ils ont cru qu'elles leur
ouvraient sur les profondeurs de l'univers et
sur l'infini des choses, des horizons insoup-
çonnés jusque-là. D'autres n'ont voulu trouver
dans ces mêmes métaphysiques que d'informes
monuments, les élucubrations monstrueuses
d'une pensée humaine revenue au chaos. Que
l'on adopte l'un ou l'autre de ces jugements
absolus, on est obligé d'admettre, comme irré-
cusable donnée historique, que la philosophie
allemande a exercé sur la pensée au dix-neuvième siècle et jusque sur la pensée française,
l'influence la plus étendue et la plus péné-
trante, que cette influence s'y est fait sentir
dans tous les domaines de l'esprit, qu'elle a
véritablement coulé dans les veines de ce siècle.

Certes, ma conclusion devait être mitigée,
comparativement à ces opinions extrêmes. Plus
mauvaise que bonne, au total, plus perturba-
trice que fertilisante, l'influence des philosophies germaniques n'a pas été, quand on
embrasse l'ensemble de ses résultats, unique-

ment pernicieuse pour la culture de notre pays. Ce grand nuage, cette immense masse nébuleuse apparue sur le ciel de l'Europe pensante où notre prépondérance avait longtemps entretenu la clarté latine, contenait des ondées salutaires à notre sol que deux siècles de moissons brillantes avaient un peu desséché. Mais la pluie qui féconde n'est pas l'inondation qui noie tout. A l'époque où ces souvenirs remontent, c'est à l'inondation trop passivement subie et trop faiblement filtrée qu'on avait affaire. Il s'agissait tout d'abord de la refouler par un puissant et massif effort intellectuel. L'heure des justes distinctions, du tri méthodique et délicat, viendrait plus tard. Plusieurs le sentirent. Le contact de l'Allemagne me l'avait fait sentir avec force. Il y a eu chez nous, dans les vingt années qui ont précédé la guerre, une réaction antigermanique très réfléchie et étudiée, autant que vigoureuse. Je me permets d'attirer l'attention de celui qui voudra décrire ce mouvement sur un article paru au Mercure de France en juillet 1901 sous ce titre : l'Esprit germanique, article qui n'a jamais, je crois, été cité, mais qui a été lu et que j'ai reproduit dans ce volume. Il précédait de deux ans la très remarquable enquête de M. J. Morland sur l'influence allemande, qui m'apparaît un livre capital. La guerre venue, j'ai ajouté à ces travaux une plus longue étude intitulée : le Germanisme et l'esprit humain *et insérée dans mon livre,* Cinquante ans de pensée française. *Il est mille fois inexact que j'y fisse, comme l'a prétendu quelqu'un, machine en arrière. Mes positions contre les doctrines métaphysiques allemandes y sont intégralement maintenues ainsi que mon refus absolu de saluer dans un Kant et plus encore dans un Fichte, un Hegel, les pairs de Platon, d'Aristote, Descartes et Locke. Mais j'y fais remarquer qu'il ne suffit pas de repousser la philosophie allemande, et que ce serait même là une attitude assez vaine si l'on ne commençait par se rendre compte des raisons de son succès européen, ces raisons dussent-elles être trouvées dans de graves insuffisances de notre part. Une pensée française demeurée active, forte et créatrice comme au temps de Descartes et de Voltaire, n'aurait pas laissé se creuser le grand vide que la pensée allemande a envahi. Les changements de l'histoire, les expériences de l'humanité, les con-*

quêtes de la critique posent, d'âge en âge, de vastes questions nouvelles dont la solution importe au salut et au progrès de la civilisation. De telles questions se posaient à l'Europe à la fin du dix-huitième siècle et au début du dix-neuvième. L'Allemagne en a proposé des solutions troubles qui n'étaient souvent que la répétition obscure et stérile de la question même, incapables, par leur obscurité et leur égoïsme, de fortune universelle. Mais elle a eu la hardiesse de les voir, de s'y attacher. De là son apparente avance et le prestige de l'appel trompeur qu'elle adressait aux esprits.

C'est un bien autre appel, autrement puissant et le moins trompeur qui soit, appel parti, non de l'imagination, mais du cœur et des entrailles, que celui que j'entendis, ou qui, plutôt, fondit sur moi et me saisit l'âme, comme j'allais franchir le Rhin. J'étais parti de Paris par un train du soir, et je devais passer deux heures à Strasbourg, dans la matinée, en attendant le train de Bavière (je me rendais à Munich). Je voulais en profiter pour une visite rapide de la ville que je n'avais jamais vue. Vain projet! A peine eus-je fait deux pas sur la place qui borde la gare que *l'émotion m'étreignit et m'arrêta. Aller plus loin m'était impossible. Strasbourg! l'Alsace! c'est là que j'étais! Je me répétais ces noms. La grande plainte française qui avait bercé nos enfances portait son fruit dans les sanglots que je ne pouvais retenir. Je m'assis sur un banc proche, la tête dans les mains et je ne le quittai que pour monter en wagon.*

*Qu'un jeune homme de mon origine, qu'un enfant des lointaines Pyrénées, qui n'avait jamais eu de contact avec les provinces perdues, qui n'avait aucun souvenir de la guerre, qui, là-bas, dans son paisible Béarn, n'avait vu personne en souffrir, se sentît écrasé ainsi parce qu'il touchait pour la première fois le sol de l'Alsace, ô France, quelle attestation de ton être et quelle affirmation de ta sainte unité!*

Quand j'ai relu ce compte rendu qui me fut, comme on voit, royalement payé et dont le contenu m'était un peu sorti de l'esprit, je me suis fait une réflexion que je demande la permission de dire, bien que l'objet en soit personnel. Il apparaît normal que la pensée d'un écrivain gagne de la sérénité à mesure qu'il avance dans la carrière. Or cet écrit est plus serein que ceux (en très petit nombre) que j'ai publiés *dans les six à huit années qui ont suivi et où l'on sent l'effort de l'esprit pour contenir un frémissement violent qui l'agite et pour défendre contre des impulsions passionnées la justesse et l'équilibre de ses vues. Ceux qui savent lire percevront ce caractère dans* l'Esprit germanique, Pascal et les jésuites, *ainsi que dans un petit livre,* la Morale de Nietzsche, *paru en 1903 et qui vient d'être réédité avec une préface explicative. Ce dernier en est le plus marqué. Je ne crois pas que ces écrits y perdent. En un sens, probablement, ils y gagnent. Une certaine acuité du trait peut y compenser certains emportements, certains exclusivismes du jugement. De toute façon, ils se ressentent d'une certaine crise de l'esprit public et de mon esprit. Il y passe certaines vibrations électriques de l'affaire Dreyfus. Peu de temps après mon retour en France, cette terrible affaire éclatait, en effet. Elle m'assaillait dans ma rêverie. Des forêts du Harz et de la Thuringe, elle me jetait brusquement au tourbillon d'une guerre civile étrange qui ne coûta pas de sang, mais qui mit en révolution toutes les idées...*

*Ce serait là un nouveau chapitre un peu long. Je l'écrirai un jour ou l'autre.*

P. L.

# LITTÉRATURE

# PASCAL ET LES JÉSUITES

Novembre 1902 (1).

Bouvard et Pécuchet demandaient une histoire « impartiale » des Jésuites. Il n'y a que des pamphlets, gémissaient-ils. De fait, il nous manque un bon ouvrage sur la Compagnie, celui qu'eût pu écrire Sainte-Beuve.

(1) La date de cet article est significative. Il procède d'une vive humeur de réaction contre la forme d'hypocrisie qui sévissait le plus dangereusement alors. Toutes les religions, toutes les morales ont leurs hypocrites dont elles ne sont pas responsables en elles-mêmes. Mais chacune en produit un plus ou moins grand nombre, selon la domination qu'elle exerce dans la société. Au dix-septième siècle, l'hypocrisie était catholique ; elle fut philosophique au dix-huitième ; romantique au dix-neuvième ; à l'époque où j'écrivis cette petite étude, elle était human taire et « laïque ». C'était le temps où dans certains milieux fort influents sur la politique, on disait d'un monsieur qu'il était une « haute conscience... » Pouvoir dire de quelqu'un qu'il est honnête homme, n'est-ce pas le summum de la louange décente, quand il s'agit de la pratique ordinaire de la vie, les occasions d'héroïsme mises à part ?

3

De Pascal à Michelet et Quinet, du Père Annat au Père Dulac, seuls les partis ont parlé. Mais si les attaques sont fameuses, les apologies furent généralement médiocres. Ce n'est pas par l'écrit que les Pères savent se défendre. L' « impartialité » en histoire est d'ailleurs chose à peu près aussi concevable que le vide absolu en physique. J'ai bien peur qu'elle ne ressemblât beaucoup à la nullité. Tout esprit a sa tendance, sa perspective naturelle, sa passion. Mais il y a la perspective de l'aigle et celle de la grenouille ; il y a celle du chien maigre et celle du chien gras. Il faut choisir. Il y a passions et passions. Nous souhaiterions qu'une tête, sans autre fièvre que celle de la curiosité philosophique, — « partialité » déjà, puisqu'elle fait sourire de certaines choses graves, — sans autre humeur que de se divertir un peu de l'humaine nature, s'emparât enfin d'un sujet tant décrié, sinon pour l'épuiser, tout au moins pour le nettoyer de ce monceau de mythes et de légendes dont l'ont obscurci Eugène Sue et Paul Bert.

Ce vœu a reçu une première et bien précieuse satisfaction. M. Remy de Gourmont vient de nous apporter sur la morale des Jésuites des explications profondes en même temps que des conclusions discrètes. *Le Chemin de velours*, cette exquise dissertation, ne sera, je pense, goûté aujourd'hui que des libertins. Le grand mérite de M. de Gourmont, ce n'est pas tant d'avoir traité les Pères en honnêtes gens, que d'avoir concilié avec cette probité et cette politesse d'accueil une liberté entière. De ce que les Pères aujourd'hui n'ont pas certes que des sots, mais ont sûrement la majorité des sots parmi leurs ennemis, un vrai philosophe pourrait être tenté de les serrer sur son cœur. Il y a là aussi un excès à éviter.

M. de Gourmont a tracé à la Compagnie une ligne de défense dont elle ne profitera pas, mais derrière laquelle il nous plaît de faire un instant le coup de feu sous la direction de ce chef ingénieux. Au surplus les Jésuites n'offrent-ils rien depuis plus d'un siècle qui puisse fixer l'intérêt d'un libre esprit. Seulement il y a eu dans leur histoire un grand moment, où la cause de la civilisation, des mœurs et, si j'ose ainsi

m'exprimer, des « lumières » a été tout
entière du côté de leurs théologiens et de
leurs casuistes, l'obscurantisme et la barbarie du côté de leurs agresseurs. C'est le
moment des *Provinciales*. C'est celui auquel
M. de Gourmont s'est attaché.

I

« Il n'y a guère une page des *Provinciales* qui n'incline un bon esprit à avoir de l'amitié pour les Jésuites. » Ainsi s'exprime M. de Gourmont. Cette petite sentence est capitale. Voici deux siècles et demi que les *Provinciales* accablent la Compagnie. Même ses amis reconnaissent le coup de massue. Certes la verve et le comique des *Petites Lettres* sont forts. Mais elles contiennent tous les éléments d'une triomphante riposte à Pascal. M. de Gourmont a su les en extraire. Pascal me fait l'effet d'un poing terrible qui s'abat sur des épingles dressées. Il les écrase, mais se relève déchiré de partout.

Le ton d'abord est suspect. Le procédé qui consiste à « imaginer un adversaire stupide » peut être manié de façon très agréable. De la part de Pascal, il étonne. Le bon Père qui livre à ses visiteurs jansénistes les mystères de la casuistique est un jocrisse, friand de ses propres niaiseries. Pascal, quand il fréquentait les salons, devait avoir une invention satirique très amusante. On souffre de voir utiliser lourdement ce don tout mondain, cette grâce forte de l'esprit pour un dessein de piété farouche.

Mais voyons le fond. On a beaucoup disputé sur le point de savoir si Pascal tronque les textes qu'il impute aux casuistes. « Il les tire à lui », a dit joliment Sainte-Beuve. En abusant le lecteur sur la nature de la casuistique elle-même, sur son objet et sa raison d'être, il a par avance vicié le sens, détourné la portée de tout ce qu'il citera. Pascal n'a pas même feuilleté un casuiste. Ce pourfendeur de la conscience relâchée a reçu ses citations toutes taillées des mains de Nicole et d'Arnauld.

Le traité de Molina : *De jure et justitia*, forme deux volumes d'environ mille pages : il contient plus d'un millier de discussions de quinze ou vingt paragraphes ou points chacune. De cette masse Pascal ou plutôt ses pourvoyeurs extraient de-ci de-là deux, trois ou quatre lignes au plus. Admettons pour l'instant que les sentences extraites le soient fidèlement et de manière qu'il n'y ait pas sur leur signification de méprise possible. Certaines peuvent sembler assez scandaleuses. Mais quelle tête un peu réfléchie se croira en droit d'apprécier l'esprit, la méthode et les dessins d'un in-folio de deux mille pages à deux colonnes, texte serré, sur huit à dix fragemnts dont le plus long ne fait pas même la moitié d'un alinéa de l'auteur? Qui voudra juger une doctrine qui embrasse tout le droit, toute la morale, sur une douzaine de courtes formules choisies par des adversaires passionnés? Appliquez la même remarque à Sanchez, Escobar, Lessius, Castro Palao, etc., à tous les casuistes cités et flétris dans les *Provinciales*. Vous verrez ce que peut valoir dans son ensemble la représentation de la casuistique fournie par Pascal. Quand les Port-Royalistes, Pascal mort, éditèrent ses *Pensées*, ils surent en ôter ou y étouffer tout ce qui, pris à part, rendait un son peu chrétien. Ces messieurs excellaient à enfouir comme à fouiller, double aptitude de la taupe. Ce serait un moindre travail peut-être d'enlever de l'immense collection des casuistes tout ce qui peut s'y être glissé de vraiment imprudent et suspect.

Ce qui est plus grave, c'est la manière dont Pascal prête aux avis des casuistes de la Compagnie une signification qu'ils ne peuvent avoir. Celui qui dans le « Fragment sur les deux infinis », dans toute la première moitié des *Pensées*, a parlé comme le plus libre esprit, c'est ici « le plus morose des fanatiques », un géomètre maniaque et buté qui ne veut rien entendre que dans l'absolu. Or il s'agit de morale. « Le malheureux, dit M. de Gourmont, dans la droiture de sa logique, traite selon les principes d'Euclide une matière variable, obscure, modelée sur la psychologie instable des hommes. » En morale, il y a certes, pour une société, un milieu donné, des directions, des indications générales. Mais il y a surtout des cas différents à résoudre. Les solutions des casuistes se rapportent à des cas particuliers aussi circonstanciés que possible. Pascal traduit en maximes universelles ces opinions si minutieusement spécialisées par leurs auteurs. Moyen ingénu de faire prononcer aux gens qu'il est permis de prévariquer, de tuer et de forniquer.

Les casuistes se demandent, par exemple, jusqu'à quel point et sous quelle condition un valet peut, sans pécher, aider son maître dans une entreprise illicite. Pascal nous rapporte cette opinion de l'un d'eux sur les choses permises au domestique d'un maître galant : « Porter des lettres et des présents ; ouvrir les portes et les fenêtres, tenir l'échelle pendant qu'il y monte : tout cela est permis et ind fférent. Il est vrai que pour tenir l'échelle, il faut qu'ils soient menacés plus qu'à l'ordinaire, s'ils y manquaient ; car c'est faire injure au maître d'une maison d'y entrer par la fenêtre. » Il y a lieu de soupçonner (on va le voir) que ce texte, que je n'ai pu vérifier, n'est pas rapporté fidèlement et que Pascal y ajoute une pointe de ridicule. Mais enfin, sous cette déformation très probable, qui n'y goûtera une juste graduation? Faire le guet sous la fenêtre d'Elvire, il y a là de quoi maugréer pour un honnête père de famille au service de don Juan. Mais est-ce un cas de conscience à perdre le pain des siens, surtout si l'on est

menacé du bâton pour tout à l'heure et des
exempts pour demain? L'échelle n'est pas la
chandelle. Entre l'empressement de Lepo-
rello et le martyre, il y a de moyennes positions. Pascal n'en voit pas. Il s'indigne et
ricane. Les Pères permettent de « s'associer
au mal ! » — Quel Jésuite !

Sanchez, Molina, sur la question de l'homi-
cide, s'appliquent très humainement à accorder l'horreur chrétienne du sang versé avec
les exigences des mœurs et de l'honneur. Ils
écrivent en Espagne, au seizième siècle. Ils
distinguent le duelliste de l'assassin et reconnaissent, à l'extrême rigueur, des cas où
il peut n'y avoir pas eu péché dans l'acceptation ou la provocation d'un duel. Pascal
aussitôt d'en faire des négateurs du : *non
occides* évangélique et de pousser des cris.
Que dirait-il aujourd'hui de son disciple
M. Ranc, président des jurys d'honneur !

« Bien mal acquis doit être restitué... »
Les casuistes ont le bon sens de répliquer :
pas toujours. Ils ont raison. Les « biens na-
tionaux » de la Révolution furent en grande
partie des biens mal acquis, même pour qui
ne met pas en doute la légitimité politique de

la confiscation des biens d'Église et des biens d'émigrés. Les acquéreurs ne payaient qu'un acompte au moment de l'entrée en jouissance. Et l'État était obligé de recevoir le solde en assignats qui avaient entre temps perdu toute valeur. Cependant le gouvernement de la Restauration comprit qu'il susciterait beaucoup plus de désordre, donc d'injustice, qu'il ne rétablirait de justice, en inquiétant les propriétaires dont l'usurpation relative avait vingt-cinq ans de bouteille. En leur réclamant de l'argent, il eût été fou. D'une manière générale, la loi civile prévoit la prescription. Il y a des cas où la réparation d'un mal ferait un désordre plus grave encore, où, sur les résultats d'une faute, même d'un crime suffisamment ancien, quelque chose de bon, d'utile, de respectable avec le temps s'est édifié. Il s'impose alors de tout laisser en l'état. Voilà de sage empirisme. La vie nous le commande tous les jours. Pascal va de l'avant, comme un sauvage, il faut le dire, donnant contre toutes choses de son front dur.

Il a beau jeu. Il spécule en irresponsable dans la solitude, comme les stoïciens, comme

Spinoza, comme Kant. — « Agis toujours de manière que la maxime de ton action puisse être érigée en règle universelle. » Mais il n'y a qu'un lieu où l'on puisse agir de la sorte : c'est dans l'enceinte d'un cloître entre gens retranchés de la vie. De qui donc est ce mot : « Qui veut faire l'ange fait la bête »?

Il est très facile d'énoncer des préceptes de morale dont la contradiction ou la mise en doute semble infâme. Seulement, dans cette universalité et cette rigidité, ils sont absolument insignifiants. Les proclamer sur un ton hautain, c'est se donner à bon compte un air de vertu rigoriste. Imaginez des cas de la vie réelle où les appliquer. Je défie qu'il n'y ait pas tout de suite des distinctions à faire. Le métier des casuistes était d'établir ces distinctions où tiennent pratiquement toute la morale et le droit. En toute chose d'ailleurs, distinguer n'est-il pas la marque propre de l'être intelligent? « Toute la liberté de l'esprit moderne, dit M. de Gourmont, est contenue en germe dans ce *distinguo* qui fait tant rire les imbéciles... Il n'y a pas d'absolu, il faut à chaque pas, le long du chemin des idées, proférer ce *distinguo* fatidique. Avec ce vocable ridicule, voilà la naissance de l'analyse. »

Pascal a su faire un renom quasi criminel à la fameuse « direction d'intention ». Les mêmes sots que M. de Gourmont a en vue se figurent là-dessous on ne sait quelles subtiles recettes pour commettre des actions infâmes en tranquillité de conscience. Les casuistes veulent dire que la qualité morale d'une action ne dépend pas de sa matérialité, mais de l'intention de son auteur et qu'il importe principalement de connaître vers quel objet cette intention est dirigée dans les actes qui sont, sous quelque rapport, bons ou utiles, sous quelque autre, pernicieux, comme est de blesser ou tuer un ennemi qui menace notre existence ou notre honneur. Autre chose est de s'en réjouir ou d'en prendre grossièrement son parti comme un reître ; autre chose de se féliciter d'avoir l'honneur et la vie sauve, tout en regrettant le prix. Ces distinctions sont délicates et familières à un galant homme. Pascal et sa suite font les Jésuites trop niais ou trop farceurs vraiment. Si la direction d'intention était dans la pensée de ceux-ci la comédie

que leurs adversaires prétendent (ainsi d'un
prêtre qui se rendrait dans un lieu de débauche en s'attachant à l'idée « d'en con-
vertir les habitantes »), n'oublions pas que
c'est Dieu lui-même que cette comédie serait
destinée à tromper !

Molina (l. II, q. LXXXVIII, n° 6) écrit :
« Les juges peuvent recevoir des présents
des parties quand ils les leur donnent ou par
amitié, ou par reconnaissance de la justice
qu'ils ont rendue, ou pour les porter à la
rendre à l'avenir, ou pour les obliger à
prendre un soin particulier de leurs affaires,
ou pour les engager à les expédier promptement. » Ce texte, que Pascal cite, me paraît
en effet bien fort. Je m'y reporte dans l'original. L'auteur le fait précéder et suivre d'une
observation que Pascal omet prudemment
et qui en modifie totalement la portée : c'est
à savoir que la loi civile qui interdit aux
juges, en tout état de cause, de recevoir des
présents des parties est en cela absolument
juste, et qu'il y a obligation de conscience à
se conformer à la loi civile. De sorte que
Molina a l'air, dans les *Provinciales*, d'énoncer
un aphorisme pratique, là où théologien, sco-

lastique raffiné et lourdaud tout ensemble,
les données de la réalité une fois reconnues
et satisfaites, il combine des cas rares et
composites. Le virtuose joue la difficulté et
côtoie l'abîme. A propos de chaque question
de morale, les casuistes posent, pour les
résoudre, tous les cas concevables. Avec le
sérieux de prêtres, ils ont la coquetterie de
juristes et de logiciens déliés. Dans cette
forêt de prévisions, il peut s'en trouver une
ou autre assez scabreuse, assez ridicule. Port-
Royal tombe dessus et l'épingle. Elle a l'air
alors d'être le but du chapitre.

Pascal raisonne comme si le but des casuistes avait été de notifier au public l'étendue
de tout ce qu'on peut se permettre quand
on a un jésuite pour directeur (lettre V) afin
qu'on ne cherche pas son directeur autre part
et qu'on en prenne à son aise. En réalité,
les ouvrages des casuistes ne sont pas autre
chose que des cours de séminaire, des dictionnaires pour les confesseurs. Le public
n'a, pour ainsi dire, nul accès dans ces gigan-
tesques tomes d'une science un peu secrète.
Les déterminations de la casuistique ne visent
pas les actes à commettre, mais les actes

commis. Elles n'annoncent pas ce qu'il est licite de faire ; elles indiquent, elles suggèrent ce qu'il est opportun d'absoudre. La différence est grande et ce n'est peut-être pas la peine de disserter avec le scrupule que nous y mettons pour celui qui n'en serait pas frappé. Sotus, par exemple (5 *De just.*, quest. I, art. 8), examinant s'il est permis de prévenir celui que nous savons sûrement animé à notre égard d'une intention meurtrière et de le frapper avant qu'il nous attaque, répond qu'en fait il n'est pas possible de définir par avance et théoriquement où finit la défensive, où commence l'offensive ; c'est affaire à un juge sage d'en décider pour chaque cas particulier, toutes circonstances vues. Cette prudente doctrine exposée, il ajoute avec insistance « qu'elle doit servir pour apaiser les consciences, *après le fait*, mais qu'il faut bien se garder de la publier, de peur que le vulgaire ignorant (*rude vulgus*), qui brouille facilement les idées de défense et d'attaque, n'en fasse abus ».

Si les *Provinciales* falsifient par omission, elles le font parfois d'une manière plus osée. Pascal rapporte ce texte d'Escobar : « Les promesses n'obligent point, quand on n'a point intention de s'obliger, en les faisant. Or, il n'arrive guère qu'on ait cette intention, à moins qu'on les confirme par serment ou par contrat : de sorte que, quand on dit simplement : *je le ferai*, on entend qu'on le fera, si l'on ne change pas de volonté ; car on ne veut pas se priver par là de sa liberté. » J'ai voulu consulter Escobar lui-même. Dans la bibliothèque de province où je travaille et qui contient les principaux casuistes, à mon grand étonnement, il ne figure pas. On m'apprend que c'est une ancienne bibliothèque des jésuites. Les Pères l'ont enlevé... en souriant, j'espère. Heureusement l'opinion d'Escobar est donnée comme extraite de Molina. J'ouvre Molina. Et voici ce que je lis (tract. II, Disp. 268) : « Lorsqu'on offre quelque chose par politesse (*urbane*) et amabilité *(ad complacendum)* plutôt que dans la pensée de se lier et que cette offre est faite *en termes généraux*, elle n'entraîne pas obligation. Par exemple, si une personne nous demande un objet déterminé et qu'en le lui donnant nous ajoutions : tout ce que je possède est à vous, vous en userez comme il

vous plaira — ou encore si à une personne qui
ne nous demande rien, nous disons que tout
ce que nous avons est à son service... » Vous
trouverez sans doute que le Père prévoit
des manifestations de courtoisie un peu
excessive. Goûtez là un trait de réalisme.
L'emphase espagnole (Molina est Espagnol
et enseigne en Portugal) se plaît à ces gestes.
Si vous admirez une belle arme dans la main
d'un Espagnol bien élevé, il vous dira volontiers : « Elle est à vous. » Gardez-vous de la
prendre. C'est, avec moins de vulgarité, le
« Venez déjeuner un de ces jours » par lequel
on pallie à Paris (on a tort d'ailleurs, car
c'est un peu lâche) le malaise d'une rencontre fortuite avec un ami perdu de vue.
Pascal a supprimé la condition essentielle :
« en termes généraux » et il conclut : « O mon
père ! Je ne savais pas que la direction d'intention eût la force de rendre les promesses
nulles ! »

Si un contrôle bien incomplet des asser-
tions de Pascal nous a donné de tels résultats (et nous en avons d'autres et l'on en
trouvera de bien significatifs aussi chez
M. de Gourmont), comment ne pas pré-

sumer que toutes les maximes ineptes ou cyniques mises sur le compte des casuistes sont, pour plus que moitié, l'invention de Port-Royal? Ne poussons pas plus loin ce débat littéral et tout ce détail. Il ne s'agit pas ici tant de défendre les casuistes que d'infirmer l'autorité des *Petites Lettres*, et surtout d'éclairer un cas éminent de fanatisme sectaire. L'esprit jésuite est vulnérable certes, mais par d'autres côtés, pas par celui des mœurs. Les arguments de Pascal sont de la plus mauvaise qualité. Nicole et Arnauld me semblent des agents d'affaires qui font plaider un grand avocat sur des pièces truquées. Le grand avocat n'y regarde pas de trop près. Il renchérit de toute son insolence.

## II

M. de Gourmont exprime quelque part le vœu que les années l'aient grandi « en sagesse et en scepticisme ». Mais il y a un scepticisme de débilité : celui d'un pauvre esprit que toutes les affirmations trouvent sans résistance, et un scepticisme de vigueur, quand l'intelligence domine les idées et les juge du point de vue de la vie. Dans un conflit de thèses qui ne sont pas des spéculations métaphysiques sans conséquence, mais qui ont leur contre-coup sur les mœurs de la cité, l'attitude du chat qui pelote avec les contraires serait suspecte, peu digne. M. de Gourmont prend parti, non pour la Compagnie de Jésus, mais pour une philosophie générale dont les plus farouches adversaires recommandent le jésuite par l'âpreté qu'ils témoignent contre lui. En dehors donc des Pères et de Pascal, en dehors de toute théologie, il y a un esprit jésuite et un esprit pascalien. C'est leur confrontation continue qui fait l'intérêt du *Chemin de velours* et y met un frémissement. Mettons-les aux prises sur une question déterminée, celle du mensonge par exemple, où la tolérance des casuistes provoque le plus de vertueuses indignations.

Est-il légitime de mentir? Pascal dit : non, jamais; les casuistes : parfois, c'est selon! Ils insinuent bien des restrictions à cette condamnation absolue. Ils se font mépriser, comme le bon Père des *Provinciales*. Sous les traits d'un de ses grands prêtres, Victor Hugo, ou Michelet, la « Conscience moderne », le miroir de la Vérité à la main, traque le pauvre jésuite. Il baisse la tête, se tait, et, quelque bonne distinction de Reginaldus ou de Molina en mémoire, il murmure honteusement son : *E pur si muove!* O mon Père, que ne levez-vous les yeux vers le miroir? Il reflète moins de lumière que de fumée.

Proscrire absolument le mensonge comme un mal en soi, c'est admettre que la vérité est absolument bonne; c'est identifier le vrai et le bien. De Platon à Cousin, les métaphysiciens s'évertuent à opérer cette identification. Mais l'humble expérience, tel un filet d'eau, fait crouler leurs ambitieuses montagnes de sable.

On n'ose, tant ils sont vulgaires, invoquer les cas de la vie où la dissimulation du vrai est recommandée à un honnête homme. La vérité serait-elle le bien pour un incurable, ignorant de son état, et qui n'est pas un Spinosa, un stoïcien, capable de trouver une volupté orgueilleuse à mourir lentement ! Argumentation bien plate, aux yeux d'un platonicien. Mais si, aux hauteurs métaphysiques d'où les platoniciens la profèrent, l'identité du vrai et du bien est une proposition bien fondée, elle ne saurait être, sans beaucoup de mécomptes, intégralement transportée dans la pratique. Le vrai, c'est une idée conforme à la réalité. Le bien, c'est tout ce qui favorise la vie. Chacun connaît, peut imaginer des circonstances où la vie a le plus évident intérêt à ce que l'esprit se représente illusoirement les choses. La vérité est alors un poison, l'illusion une sève nourricière. Peut-être la vérité est-elle toujours bonne pour les forts. Mais il y a peu **de forts**. Et tout fort a ses faibles.

Ibsen, qu'il serait curieux de mettre avec les Jésuites, a plaidé dans *le Canard sauvage* et même plaidé sans mesure la cause du mensonge bienfaisant. L'affabulation de ce drame est ingrate et triste, mais forte. Qu'il nous soit permis de la présenter. De ce génie des brumes, austère et radical, nos pascaliens recevront peut-être ce qu'ils refuseraient des mains d'Escobar ou de Machiavel.

Un excellent homme, borné, de cœur délicat et tendre, Hjalmar Ekdal, a épousé, il y a près de quinze ans, une fille Gina, saine aussi, de bonne race populaire, mais qui fut séduite par un riche marchand chez qui elle était en service. Faute ignorée de son mari. Ils ont une enfant, douce et charmante, née très peu, trop peu (mais le confiant Hjalmar ne s'en est guère avisé) après leur mariage. Hjalmar est un fils de famille déchu par la ruine de son père dans la condition de photographe. Il est convaincu de porter dans sa tête une invention qui, renouvelant l'industrie photographique, lui donnera l'argent et la célébrité. C'est le rayon qui illumine et ennoblit cette existence. Dans ce ménage tranquille et presque heureux vit le père, le vieil Ekdal. Grand chasseur jadis, en son temps prospère, il a installé dans le grenier une espèce de chasse, forêt de papier peint, mare dans un bassin, des lapins qu'il tire avec un vieux pistolet, un canard sauvage et sa couvée. La fillette le seconde dans ces enfantillages.

Le symbole est clair. Beaucoup d'hommes d'honneur ont leur Gina ; ils ont, ignorés d'eux et plus ou moins proches, des dessous d'existence ou de famille où ils ne pourraient pénétrer sans s'empoisonner. Mais surtout nous avons tous, à quelque degré, notre canard sauvage, quelque illusion fondamentale sur les choses et sur nous-mêmes qui fait pour nous le principal prix de vivre, qui n'est pas seulement le cordial des faibles, mais bien souvent chez les meilleurs, les plus nobles, le grand excitant de l'intelligence et de l'énergie. S'il y a les folies de la vanité, il y a aussi la piperie de la gloire, de l'immortalité, de l'honneur. Il y a les menteuses images de l'amour qui, lorsqu'elles enchantent le sang de l'homme, le portent cent fois plus vif au cœur et à la tête. Le

« bien » sera-ce donc prendre en mépris, en haine ce tissu de belles et attractives visions liées à la fécondité et à la noblesse de la vie?

Dans le ménage d'Hjalmar Ekdal, l'auteur a placé deux familiers qui voient le fond des choses, mais dans les sentiments opposés du pascalien et du casuiste. Ils s'appellent Werlé et Relling. Le premier est un fanatique qui, dans l'intérêt supérieur des âmes, ne se tient pas de les éclairer brutalement, de dévoiler à Hjalmar les origines de son mariage, le néant de ses idées d'inventeur. Dans sa sainte rage contre les idoles, ce Polyeucte voudrait tuer jusqu'au canard, et par les mains de l'enfant. Il appelle cela la sommation de l'Idéal. Sur ces ravages, affirme-t-il, Hjalmar et les siens vont recommencer une vie nouvelle, désempestée du mensonge. Et se pressent sur ses lèvres toutes les métaphores des prédicants pour peindre les délices de ce renouveau. On devine les résultats. Hjalmar restera avec sa femme, avec qui son accoutumance est profonde, avec l'enfant qui n'est pas de lui, mais qui le caresse ; il faudra bien qu'il reste avec lui-même. Triple objet de rancœur et de dégoût désormais. De cet honnête foyer Werlé a fait un cloaque.

A ce dangereux personnage, Ibsen oppose un ami de l'erreur. Depuis des années, Relling, chaque matin, ne manque pas de rafraîchir les illusions et visions d'Hjalmar et du vieil Ekdal. Relling ne pense pas seulement qu'il y a bien des cas où il faut cacher la vérité, mais encore que tout homme, que l'humanité ont besoin pour vivre de quelques idoles. La vraie philanthropie veut que celui de qui il dépendrait d'anéantir ces idoles les cultive. C'est le « mensonge vital ». La philosophie de Relling, c'est qu'il faut aider le monde à marcher par le mensonge, puisque la vérité nue le détruirait.

Ibsen, dans d'autres ouvrages, a plutôt donné, sinon raison, du moins un prestige de grandeur morale, au « vériste », au redoutable maniaque qui prétend tout remettre en question, refonder toutes les situations humaines sur la « vérité ». Ici visiblement il est pour Relling. Werlé donne envie qu'on l'abatte. Méfions-nous cependant ! En même temps que ce haut bon sens, l'auteur a prêté à son interprète une figure fâcheuse. De cet

honnête homme de Relling, il fait un cynique,
un ivrogne. Par là il imprime à la sagesse
un air effronté de paradoxe. On craint, à
voir comme il la barbouille, et la fait tituber,
qu'il n'ait bien de l'amertume contre elle.
Il l'admet, mais peut-être comme quelque
chose de diabolique. L'âme moderne, quand
ses faux idéaux la quittent, reste si blessée
qu'au contact de la raison elle grimace de
souffrance. L'intellect de Relling est jésuite.
Sa sensibilité pascalienne. Ce désaccord intérieur explique ses allures convulsées. En
somme, il est dangereux aussi, malade d'absolu. Pour un peu, il prêchera « Mensonge »
avec les mêmes yeux, les mêmes fureurs
d'apôtre que d'autres « Vérité ». N'y a-t-il
pas de cela chez Nietzsche?

C'est aller infiniment trop loin. On préfère
un jésuite doux et expérimenté, calmant le
zèle de jeunes Polyeucte sans vouloir en
faire des idolâtres. Nous opposons Relling
à nos fanatiques de vérité, mais sans le suivre
lui-même. Il a lui aussi son aberration. Il est
quelque peu halluciné. C'est un systématique.
Nous aurions donc tort de l'appeler casuiste.
Ce qui donne son sens et sa légitimité à la

casuistique, c'est qu'en morale le système,
l'absolu sont absurdes. Il y a dans l'énon-
ciation de toute sentence, de tout idéal philosophique de moralité une fausseté qui
offense profondément des esprits délicats et
avertis. Étant données les mille dépendances
de l'homme, ces affirmations universelles sont
une bravade, une jactance ou une naïveté.
Il faut le dire aussi bien du cynisme dogmatique, de l'immoralisme tranchant que des
maximes puritaines. (L'immoraliste, c'est un
bigot révolté.) La grande sagesse des casuistes, c'est d'avoir compris que tout principe absolu interjeté par un esprit ignorant
de toutes choses hors de lui-même, dans le
mécanisme subtil de la vie, c'est comme une
barre stupide qui détraque tout.

Cependant, dans leur va-et-vient empressé
et conciliateur entre les désirs de l'individu
et la règle des mœurs, pourquoi supposer
que les casuistes, prêtres, religieux, aient été
surtout mus de complaisance envers l'individu? Celui-ci s'égayerait bien sans leur permission. C'est du côté des mœurs, de la société, de la religion qu'est tourné tout leur
souci. Seulement, ce sont des réalistes. Ils

ne se donnent pas le ridicule de systématiser des préceptes pour une humanité idéale, abstraite, hors du temps et de l'espace. Ils acceptent la moyenne, l'immense majorité des hommes, telle qu'elle est, avec les libertés qu'elle saura toujours prendre. Et dans leur perpétuel : « Vous pouvez aller jusque-là », ces habiles gens ont bien moins en vue l'étendue que les bornes de ce qu'ils permettent.

Sur la question du mensonge spécialement, il est faux de dire qu'ils favorisent la commodité et le relâchement de la conscience. Comme nul être vivant en société n'échappe à la nécessité d'altérer, tout au moins d'adapter le vrai plusieurs fois par jour, les casuistes, en définissant, limitant les cas, excitent la vigilance de l'esprit sur lui-même, aiguisent son discernement. Par là ils ont rendu en même temps un grand service intellectuel et philosophique.

# III

Le duel de Pascal et des casuistes n'est,
on le voit, qu'un cas de l'éternel conflit
entre la morale variable et vivante que la vie
commande et cette morale géométrique
arrangée à l'écart du monde par d'orgueilleux sectaires ou par des révoltés. La façon
dont Pascal dénature et fait paraître infâmes les maximes des casuistes correspond
tout à fait aux procédés de Socrate, dans les
dialogues de Platon, à l'égard des sophistes.

Cependant, c'est plutôt à cause de l'attaque
sauvage de Port-Royal que pour leur valeur
propre que les casuistes, d'après M. de Gourmont, méritent d'être défendus. Avec toutes
leurs lumières et leurs finesses, ils ont mêlé
à leur œuvre un élément de faiblesse et
d'équivoque. Il y a chez ces jésuites bien
du jésuitisme tout de même. Mais on se
trompe sur la cause. La position un peu

louche où on les surprend souvent n'est pas un effet de fourberie ou de complaisance. Elle manifeste l'embarras d'intelligences inconsciemment prises entre deux principes contradictoires auxquels elles veulent également faire droit et qui se livrent à d'incroyables et vaines dépenses de subtilité pour s'en sortir. M. de Gourmont nous fait entendre sa pensée, si importante sur ce point, par une comparaison très habile :

« Il y avait, au quinzième siècle, un astronome nommé Regiomontanus, qui savait tout ce que l'on pouvait savoir de son temps, et cela différait peu de ce que l'on sait aujourd'hui. Mais comme il ignorait ou voulait ignorer le point capital de l'Astronomie, il plantait la terre au milieu du monde, ce qui rendait ses admirables calculs d'une effroyable complexité. Si, à la place de la terre, il eût fixé le soleil, ses courbes se redressaient, ses nœuds se dénouaient, ses orbites se désenchevêtraient. Il ne put ou il n'osa. Les casuistes de la Compagnie de Jésus me font toujours penser à Regiomontanus. Ils se sont bien doutés que la morale est une science fort aléatoire et toute relative ; mais ils n'ont jamais osé laisser leurs doutes affaiblir leurs principes. Ils posent d'abord le précepte : la terre est le centre du monde. Puis ils raisonnent comme s'il n'y avait pas de centre ou comme si le centre du monde et de la morale se déplaçait sans cesse au gré des passions ou des milieux humains. Le jésuite espagnol absout le duel et le jésuite français le condamne. Vérité en deçà, erreur au delà. »

En d'autres termes, les casuistes voudraient se mettre à la fois d'accord avec deux autorités antagonistes : d'une part, les préceptes évangéliques, d'autre part les observations, les nécessités de la vie sociale, politique, mondaine, intellectuelle, militaire sur laquelle par le confessionnal et la direction des consciences ils avaient une action.

Ainsi, avec la franchise, nous l'avons vu, de reconnaître que le bien commande souvent quelque degré de mensonge, ils voudraient respecter à la lettre le commandement de ne jamais mentir. Cette clause de style — toute métaphysique — à concilier avec cette donnée d'expérience les met à la torture. Comment mentir sans mentir? Par

la « restriction mentale », artifice comique
et misérable vraiment.

Par ces ridicules subterfuges (dont la
théorie des « opinions probables » nous four-
nirait un exemple encore) joints à cette
science des passions, les casuistes manifestent
bien deux traits fréquents de l'esprit ecclé-
siastique : supériorité dans la pénétration
psychologique et la connaissance des hommes,
abus du raisonnement scolastique. Ils re-
courent au mécanisme scolastique le plus
compliqué pour justifier et déduire ce que le
bon sens donne immédiatement.

Mais cette perspective nous entraînerait
loin du livre de M. de Gourmont et de la
question que nous avons reprise après lui,
selon sa méthode. Il ne s'agissait des Jésuites
que sur l'article où Pascal les a attaqués :
les mœurs. La question de la politique des
Jésuites n'a pas été effleurée ici, non plus
que celle de leur esthétique, de leur goût,
de leurs systèmes d'enseignement.

— Il s'agissait aussi de Pascal et de
l'abaissement du plus grand esprit à une
triste besogne de sectaire. M. de Gourmont,
qui prépare un travail sur le Pascal des

*Pensées*, y a peut-être remarqué, comme nous, la plus involontaire mais la plus forte condamnation du fanatisme moral et, par là même, la défense de la « médiocrité » jésuitique. C'est dans le fragment sur les deux Infinis, au fameux paragraphe des « Trop », où sont rabattus tous les excès de l'esprit, ceux-là surtout qui le séduiraient par une fausse perfection et une illusoire grandeur.

« Trop de lumière éblouit — trop de vérité nous étonne — trop de consonances déplaisent, — trop de bienfaits irrite... »

On voudrait d'autres sentences encore, celles-ci par exemple : « Trop d'obstination... trop de reploiement... trop de solitude... trop de souffrance... » Oui, tout cela raffine l'âme, mais peut la tromper aussi.

# EDMOND ROSTAND

Que la postérité ne doive point ratifier la réputation quasi-fabuleuse faite à Edmond Rostand par ses contemporains, voilà, je pense, ce qu'on peut dire aujourd'hui sans soulever les contestations de personne. Je suis bien convaincu qu'elle sera encore plus étonnée de l'opposition intraitable que ce succès sans mesure n'a cessé de rencontrer chez quelques douzaines de délicats qui ont fait profession d'accabler d'un mépris sommaire toutes les compositions de ce poète trop favorisé du destin, sans en excepter même *Cyrano de Bergerac*. Ne partageant ni ce degré d'enthousiasme ni cette sévérité, j'estime assez l'œuvre de Rostand pour la croire digne, jusqu'en ses pires erreurs, d'une analyse nuancée et attentive. La manière dont je la juge, si elle est moins favorable que le cri de la foule, s'éloigne aussi de la réprobation de ces délicats à outrance.

Au surplus, les nombreuses remarques littéraires auxquelles l'examen des principaux ouvrages de Rostand peut donner lieu ont-elles une portée qui dépasse Rostand lui-même. Ayant été généralement excessive, la fortune de ces ouvrages n'en a que plus de signification. Pour qu'ils aient réussi et soient devenus populaires à ce point, il a fallu que le goût dont ils s'inspiraient correspondît au goût du public qui leur a fait fête. En les étudiant et les jugeant, nous étudions et jugeons les complaisances dominantes d'une époque en matière de littérature et de poésie, l'idée particulière que cette époque s'est faite du beau.

*<br>* *

Rostand débuta en 1894 par *les Romanesques*. Il nous a décrit lui-même le caractère qu'il a eu l'intention de donner à cette comédie et le genre de plaisir que, selon lui, elle doit produire. Après le dénouement, la troupe, s'avançant sur le devant du théâtre,

selon la vieille et aimable tradition de la
comédie italienne, et s'adressant au public
pour demander son indulgence, s'exprime de
la sorte :

> Des costumes clairs, des rimes légères,
> L'Amour, dans un parc jouant du flûteau...
> Un florianesque et fol quintetto...
> Des brouilles, d'ailleurs toutes passagères ;
> Des coups de soleil, des rayons lunaires,
> Un bon spadassin en joyeux manteau...
> Un repos naïf des pièces amères,
> Un peu de musique, un peu de Watteau.

Voilà un régal exquis ou voilà, du moins,
le plus alléchant des menus ! Un peu de
Watteau, mêlé d'un peu de Florian et, je
suppose, d'un peu de Mozart (puisqu'il est
question de quintetto et que Mozart est le
musicien dont l'inspiration fait penser le
plus à celle de ces poètes), quel charme ! Ajou-
tons-y quelques atomes de Regnard et d'Alfred de Musset, puisqu'une certaine critique s'est tant complue à évoquer, à propos
de Rostand et spécialement des *Romanesques*,
le séduisant et dangereux souvenir de ces
enchanteurs : la combinaison sera tout à fait
délicieuse, — si délicieuse que, *les Romanesques* nous en offrissent-ils, non pas « un

peu », mais un tout petit peu seulement, nous leur en saurions encore beaucoup de gré. Combien ce mérite serait rare !

Mais le possèdent-ils vraiment? Et l'auteur ne s'est-il pas fait quelque illusion?

Pour ma part, ce que je trouve de précieux dans *les Romanesques* n'est pas précisément ce qu'il y annonce. J'y trouve une ingéniosité fort gentille de l'intrigue et de l'affabulation, un agrément d'invention dans le décor et les costumes et plusieurs autres qualités de cet ordre, qui produisent la superficielle apparence de tous ces genres et de ces nuances de poésie. Je n'y sens rien d'intimement poétique. Ce poétique élément, l'auteur croit en toute sincérité l'y avoir mis, et il a bien fallu qu'il en fût persuadé, la poésie étant nécessaire à cette sorte de fictions plus qu'à toute autre. Que dire, sinon qu'en cela son goût n'est pas notre goût et qu'Edmond Rostand aurait une tendance à confondre le poétique avec l'ingénieux?

Les héros de la comédie sont deux amoureux de seize ans. Merveilleux avantage pour le poète, mais, aussi, grand péril ! Il fait

chanter le rossignol. Il faut qu'il nous ravisse
absolument ou qu'il nous paraisse incolore.
Il faut qu'il produise l'extrême charme;
sinon, ce sera la fadeur. Il n'y a pas de
milieu. Deux amoureux de seize ans au
théâtre doivent ou bien ne pas exister ou
bien nous enchanter l'imagination, ajouter
à l'immortelle jeunesse poétique de Roméo
et de Juliette, de Perdican et de Camille, de
Vincent et de Mireille, un printemps nouveau. Ils le doivent. Mais le fâcheux est
que les héros des *Romanesques* savent qu'ils
le doivent et qu'ils le savent trop bien. Le
sachant, ils s'y appliquent, ce qui est la
meilleure façon de n'y pas réussir et ce qui
nous fait nous demander à quoi il leur sert
d'être si jeunes, pour être déjà si littéraires.

Sylvette et Percinet tiennent essentielle-
ment à s'aimer l'un l'autre dans des conditions romanesques et comme des personnages de la littérature. Leurs papas, désirant
qu'ils s'épousent, spéculent sur cette petite
manie et feignent d'être brouillés à mort,
comme les pères de Roméo et de Juliette,
ce qui incite les enfants à jouer entre eux
les Juliette et les Roméo, non sans mêler

à cette imitation celle de tous les amoureux célèbres en général. Bientôt ils s'aperçoivent de la feinte et, devant leur illusion perdue, commencent à se bouder. Pour les raccommoder, il faut la leur rendre, faire intervenir d'autres artifices, mises en scène et imaginaires périls, jusqu'à ce qu'enfin Percinet et Sylvette, désabusés une bonne fois, s'aperçoivent qu'ils s'aiment tout simplement et se le disent sans aucune simplicité. Ces deux figurines ne sont pas très agréables. Leur caquet désoblige un peu. Avec leur façon de confronter tout ce qui leur arrive, tout ce qu'ils font, sentent et disent, aux situations, émotions et paroles des modèles qu'ils se sont proposés, on dirait, non deux jeunes amoureux, mais deux jeunes professionnels qui tiennent avec grâce au théâtre les rôles d'amoureux et qui se racontent mutuellement comment ils s'y prennent.

SYLVETTE

Je rentre dans le rang banal des jeunes filles.

PERCINET

Je suis le bon petit fiancé des familles...
Et c'est en Roméo, Sylvette, que je plus.

SYLVETTE

Ah ! Roméo, c'est clair que vous ne l'êtes plus.

**PERCINET**

Est-ce que vous croyez être encor Juliette?...
... O pâle et noble couple, ô couple shakespearien,
Nous n'aurions avec vous de commun rien, rien...

**SYLVETTE**

Rien.

Dira-t-on que cela doit s'entendre dans le mode ironique, que l'auteur nous présente la légère satire d'un travers? Cette interprétation nous éloignerait absolument de Watteau, de Mozart, de Musset, de la note colorée et chantante dans laquelle il a, d'après son propre dire, conçu son ouvrage, pour nous rapprocher de Molière et du réalisme comique des *Précieuses ridicules*, des *Femmes savantes*. Mais la pièce n'est nullement faite dans ce tour-là, qui y serait, d'ailleurs, tout à fait choquant. Le travers dont il s'agit, qui serait le travers ou le vice de Bélise et d'Armande, filles déjà expertes qui ont un salon, ne saurait être attribué à deux adolescents dans leur première fleur, leur première fraîcheur et qui nous sont montrés au milieu des roses. Il est antipathique. Eux sont nécessairement aussi sympathiques que deux oiseaux. Le poète, il est vrai, leur en a donné quelque chose ; mais

il a eu aussi, conformément à la nature et
à la vérité, l'intention de leur conserver leur
ramage, de les faire tout aimables et tou-
chants. C'est cet alliage de caractères qui ne
pouvait réussir. C'est par là que, si les noms
de Sylvette et de Percinet sonnent joliment,
leurs personnages sonnent faux ; c'est par là
que le fond des *Romanesques* a quelque chose
d'artificiel.

*  
* *

*La Princesse lointaine*, qui vint ensuite,
réussit moins. Cet ouvrage présente quelques
sérieux défauts, et précisément de ceux-là qui
rendent le succès difficile, parce qu'ils s'opposent à l'unité d'impression chez le spec-
tateur. La donnée dramatique y manque de
netteté, elle a quelque chose de confus et de
vacillant, on dirait presque de nébuleux.
Faiblesse non moins fâcheuse : la versification laisse à désirer. Agile, mobile, pittoresque à l'excès, elle n'a ni harmonie intérieure, ni richesse d'étoffe, ni véritable coloris.
Et la nature même du sujet, qui l'eût voulue
particulièrement moelleuse et musicale, accuse
davantage ces défaillances.

Malgré cela, je préfère *la Princesse lointaine*
aux *Romanesques*. Pourquoi? parce que dans
tout ce qui tient à l'invention et au sentiment,
le poète s'y montre réellement plus poète. On
sent que sa matière ne s'est pas recommandée
à lui, comme prêtant à une ingénieuse mise
en œuvre (au contraire, la mise en œuvre en
est assez gauche), mais qu'elle l'a touché.
Elle a remué en lui une fibre. Et c'est pourquoi il y a fait passer un souffle de l'âme.

Chacun connaît la légendaire entreprise du
troubadour provençal, Geoffroy Rudel, épris
d'amour pour une femme qu'il n'a jamais
vue qu'en rêve, et courant les mers afin de
la conquérir. Des voyageurs lui ont conté
l'idéale beauté de la jeune princesse de Tripoli, Mélissinde, et la captivité où la tient un
guerrier gigantesque et farouche, pour le
compte du Grand Turc, qui veut faire d'elle
sa femme. Ces récits enflamment Rudel. Il
brûle de se vouer à la plus noble aventure
qui soit; la vie lui paraîtrait désormais fade
et misérable, s'il ne lui donnait pour objet
la conquête de Mélissinde. Il recrute un équipage de matelots de Marseille, âmes rudes et
confiantes, auxquelles il communique sa fer-

veur et qui acceptent de s'engager dans un service sans profit.

La navigation est dure. Le navire a perdu sa route. On n'arrive jamais. On souffre. L'équipage maugrée. Le sens pratique reprend ses droits sur les esprits. Que font-ils dans cette galère? Ce qui les trouble plus que tout, c'est que leur chef, Rudel, pour lequel ils ont tout quitté, tout risqué, a été frappé d'une mystérieuse maladie qui le tient languissant parmi eux, incapable de se lever et de commander. Ce mal étrange ne diminue point la foi de Rudel dans son entreprise ; mais il jette ses compagnons dans le marasme, tout comme dans le *Parsifal* de Wagner l'inguérissable blessure d'Amfortas répand le deuil parmi les chevaliers du Graal. (La littérature et ce qu'on pourrait appeler l'imagerie wagnériennes étaient fort à la mode dans le temps où Rostand composait sa *Princesse* et l'on y retrouve plusieurs traces de leur influence.) Le médecin, Erasme, sceptique de profession, n'est pas le dernier à déplorer maintenant la lubie qui mène Rudel, Dieu sait où. Mais le chapelain, frère Trophime, réfute ce scepticisme. Il relève les cœurs abattus. Et il le fait dans des termes qui résument ce qu'on pourrait appeler la morale de la pièce. Morale très digne d'attention, malgré la douteuse qualité des vers qui l'expriment, parce qu'on y retrouve une certaine conception de la vertu qui fut très en faveur au cours des vingt ou vingt-cinq années qui ont précédé la guerre, particulièrement dans le monde de la littérature et des théâtres.

En principe, rien de plus beau que les discours du frère Trophime. Il dit combien l'héroïsme est bienfaisant pour les âmes qui s'y adonnent. Celles qui s'enferment dans un cercle de préoccupations utilitaires ou voluptueuses, languissent de mille maux, se consument elles-mêmes; seul le vent purificateur de quelque haut sentiment désintéressé, de quelque bel enthousiasme pourra les guérir.

FRÈRE TROPHIME

Ah ! l'inertie est le seul vice, maître Erasme.
Et la seule vertu, c'est...

ÉRASME

Quoi?

FRÈRE TROPHIME

L'enthousiasme.

Rudel, du jour où, s'arrachant « aux vains jeux d'amour et aux vains jeux d'esprit de sa petite cour », il a résolu de délivrer Mélissinde, a éprouvé cette guérison morale, guérison dont les souffrances qui accablent son corps sont le signe même, car elles montrent que l'idéal sauveur l'a séduit et ravi jusqu'au martyre. L'action de Rudel nous offre le type des plus belles actions, des plus agréables à Dieu.

Cette application d'une doctrine généreuse n'est-elle pas faite pour étonner? Le poète a voulu exalter l'héroïsme moral et il en a cherché le parfait exemple dans un conte bleu. Ce conte (dont la source se trouve dans les vies légendaires des troubadours provençaux par Michel de Nostredame) est fort joli en lui-même ; mais il ne semblait pas destiné à recevoir cette signification sublime. Si La Fontaine, Molière, Quinault ou Voltaire l'avaient connu et avaient eu l'idée d'en tirer une œuvre de théâtre, ils l'auraient certainement traité dans le mode léger ; ils en eussent fait un opéra-comique, une comédie-ballet ou une féerie. Cette sorte d'adaptation est celle qui eût convenu le

mieux à cette matière agréable. Rostand l'a
prise d'une façon toute différente. Il l'a inter-
prétée dans un sens grave, pathétique et
même religieux. Il a voulu la traiter comme
une matière de haut lyrisme et d'épopée tout
ensemble,

> Elle est lyriquement épique, cette nef,

y insuffler l'esprit de Corneille. Intention
bien grande pour un sujet si petit et dans la
frivolité duquel ce que cette intention a de
sérieux s'évapore. Mon imagination physique se représente à merveille le navire où
Rudel vole, à travers récifs et tempêtes, à
la délivrance de la fabuleuse princesse de
Tripoli ; elle n'a pas plus de peine à se représenter cela et à le suivre agréablement que
le voyage du petit Poucet à travers la forêt,
ou les équipées des quatre fils Aymon. Mais
mon imagination morale ne parvient pas à
se représenter le côté, pour ainsi dire « intérieur », donné par Rostand à cette fable,
c'est-à-dire l'ardeur de conviction et de foi,
l'esprit de sacrifice, la sublime aspiration
au martyre que Rudel est censé apporter
dans une entreprise dont l'objet est de pure

fantaisie. Voilà pourquoi la leçon de frère Trophime me paraît vraiment en l'air. Qu'il célébrât l'enthousiasme à propos du Cid, d'Horace, de Polyeucte, de Nicomède s'immolant à l'honneur de la famille, au salut de la patrie, à la défense de la religion, j'entrerais mieux dans son sentiment. A propos d'un troubadour, courant à la conquête d'une belle dame qu'il ne connaît que par ouï-dire et s'emballant pour une vision, cela me paraît disproportionné.

Cependant le moraliste Rostand n'est pas inconséquent avec lui-même et il faut entrer dans son idée. Pour lui, ce qui fait le prix de l'enthousiasme, ce n'est nullement la qualité de l'objet auquel il s'adresse, c'est uniquement les effets qu'il opère sur l'âme même qui en est visitée, le beau soulèvement moral qu'il y excite. Cette valeur n'a, comme on dirait en langage germanique, rien « d'objectif »; elle est toute « subjective ». Idée qui conduit de toute évidence à celle-ci : non seulement le choix de l'objet à aimer, du but à poursuivre ne demande aucun égard aux limites du possible et du raisonnable ; mais cet objet, ce but seront d'autant plus grands, d'autant plus séduisants, d'autant plus nobles qu'ils dépasseront davantage ces limites, puisque, dans ce cas, il n'en sera non plus imposé aucune à l'exaltation de l'âme qui s'y attache et qu'elle pourra s'abandonner, sans tenir compte de rien, à la beauté de ce qu'elle rêve et éprouve. Ce sont là pensées que je ne prête pas au poète. Car il les a plus d'une fois exprimées, il en a fait une théorie ; et son héros préféré, Cyrano, ne manque pas l'occasion de les formuler dans les termes les plus péremptoires, en un moment où ceux qui l'entourent, lui voyant tirer l'épée, s'étonnent que ce soit contre des ombres.

> Que dites-vous?... C'est inutile?... je le sais !
> Mais on ne se bat pas dans l'espoir du succès?
> Non ! Non ! *c'est bien plus beau lorsque c'est inutile,*

Le même Cyrano ne s'illustre pas uniquement, il est vrai, par des actions inutiles. Il en accomplira, comme militaire, de fort belles qui auront l'avantage d'être utiles et glorieuses pour sa patrie. Il en accomplira, comme amoureux, d'exquises et de charmantes dont la nature se réjouira. Mais il en fera aussi — et beaucoup plus bruyamment et avec une beaucoup plus grande dépense de paroles — quelques-unes dans lesquelles la beauté et l'élégance de l'inutilité ne sauraient être méconnues ; et, de la part d'autrui, celles qui auront ce caractère sont celles dont il se montrera le plus admirateur. Ainsi quand il explique pourquoi il a donné toute son amitié à un pauvre ivrogne :

> Parce que cet ivrogne,
> Ce tonneau de muscat, ce fût de rossoli,
> Fit quelque chose un jour de tout à fait joli.
> Au sortir d'un ⋅ messe, ayant, selon le rite,
> Vu celle qu'il aimait prendre de l'eau bénite,
> Lui, que l'eau fait sauver, courut au bénitier,
> Se pencha sur la conque et le but tout entier.

Ce trait que Cyrano et son poète jugent « tout à fait joli » me semble, je l'avoue, fort collégien. Il s'en faut que la différence des impressions soit aussi accusée, en ce qui concerne Mélissinde. Mais elle est de même nature. Mélissinde est la chimère ; je trouverais fade de lui vouer de l'enthousiasme. Au sens de Rostand, il n'est rien avec quoi l'enthousiasme fasse meilleur ménage qu'avec la chimère. Voyez où cela nous mène. Si toute beauté morale est dans le sentiment avec lequel on entreprend les choses, si la

vanité de l'entreprise et du résultat est elle-
même sans importance, pourquoi l'action? Le rêve suffit ; on est bien bon de se déranger et l'on risque, en se dérangeant, de paraître creux. Des gestes accomplis et surtout pro-digués en vue de l'inutile ont beau fatiguer celui qui s'y livre : ce ne sont que des gestes de théâtre. Nous avons observé chez Ros-tand une certaine tendance à confondre le poétique avec l'ingénieux. Je crains qu'il n'y ait lieu de lui reprocher une seconde confu-sion, assez apparentée à la précédente : celle de l'héroïsme vrai avec un héroïsme de théâtre et de déclamation. Je crains que frère Trophime n'ait laissé en route la moitié de sa phrase et que ce qu'il nous vante en réalité, ce soit moins l'enthousiasme que l'en-thousiasme de l'enthousiasme. La différence est sensible. L'un est de la vertu, l'autre de la littérature.

N'ayant pas tant pour but de passer en revue l'œuvre du poète que d'en saisir les traits les plus généraux, je puis glisser rapi-dement sur *la Samaritaine*. Pour l'idée géné-rale et le fond de l'invention, cet ouvrage nous offre une application très particularisée et assez hardie de la sentence émise par frère Trophime : « C'est pour le ciel que les amours travaillent. » Photine, la Samaritaine, a beaucoup aimé, puisqu'elle a eu cinq amants, cinq qui sont connus. Le hasard d'une rencontre à la fontaine fait qu'elle est la première de sa tribu méprisée à connaître la personne du Christ. Mais ce hasard peut être appelé providentiel en ce que Photine se trouve mieux préparée que tous ses compatriotes à entendre la doctrine du Sauveur et à répondre à son appel. Laissons celui-ci lui expliquer la raison de ce privilège moral. Pour saisir toutes les finesses et l'à-propos du passage, il faut savoir que l'émotion causée à Photine par la présence de Jésus vient de jaillir en paroles fournies à sa mémoire par le souvenir familier d'autres émotions, très vives et très tendres aussi, à leur manière, et qu'à la réflexion, elle en a rougi. Jésus la rassure :

Comme l'amour de moi vient habiter toujours
Les cœurs qu'ont préparés de terrestres amours,
Il prend ce qu'il y trouve, *il se ressert des choses,*
*Il fait d'autres bouquets avec les mêmes roses :*
Car c'est à moi que tout revient, et, tôt ou tard,
Le parfum acheté, d'aloès ou de nard,

Que pour flatter les sens le marchand a cru vendre,
Sur mes pieds douloureux finira par s'épandre,
Et c'est sur des cheveux défaits pour le péché
Que ce parfum, sur mes pieds nus, sera séché.
Ne crois donc pas que ta chanson me scandalise ;
Un cœur que je surprends ne peut, dans sa surprise,
Se reconnaître  ssez pour inventer un chant.
Mais il se trouble ; il dit, dans son trouble touchant,
N'importe quel fragment de chanson coutumière...
Et la chanson d'amour devient une prière.

Jules Lemaître se montra scandalisé de cette théologie. Elle l'offensait dans les souvenirs de sa pieuse enfance, instruite à adorer dans le Christ l'incarnation d'un idéal, non seulement de charité, mais de pureté. Cette conception accommodante de l'amour divin et de la meilleure voie pour y parvenir, lui paraissait injurieuse à l'égard de certains sentiments auxquels tous doivent le respect. Il serait difficile de ne pas lui donner raison, ne fût-ce qu'au simple point de vue du bon goût, qui est assez choqué par ce mélange de deux genres d'affections évidemment fort diverses. Au point de vue religieux néanmoins, je ne crois pas qu'un docteur tout à fait prudent voulût laisser aux répugnances de Jules Lemaître le dernier mot de la question. Il nous mettrait peut-être en garde contre une tendance contraire à celle dont ce délicat esprit est ici froissé. Il nous dirait que l'amour divin ne saurait être élevé trop haut au-dessus des « amours terrestres », quant à son objet ; mais qu'en ce qui est des mobiles qui peuvent y porter l'âme humaine, il ne faut pas non plus les vouloir trop transcendants ni trop idéalement purs, parce qu'en ce cas ils ne seraient plus humains et il n'y aurait plus personne pour aimer Dieu. Mais c'est là un inconvénient dont Lemaître, en sa païenne sagesse, devait être moins frappé.

*La Samaritaine* était d'un artiste devenu plus maître de ses moyens. Tout d'abord l'ordonnance de l'action, la disposition et l'enchaînement des scènes y offrent plus d'unité, y accusent une sûreté et une habileté de main fort accrues. En outre, la forme poétique présente, dans maints endroits de cet ouvrage, un caractère plus prononcé, plus tranché que dans les précédents, où l'on sentait une jeune timidité qui n'est pas encore sûre de sa voie et de sa manière. La qualité des vers et de la diction ne nous a point paru mériter dans *les Romanesques* et *la Princesse* une attention très spéciale, à cause de ce qu'elle a d'indécis, de fragile en sa maigreur ornée, en sa dextérité incontestable, mais bien indiscrète. A partir d'ici, il faudra la remarquer. Rostand a trouvé son style, c'est-à-dire qu'il est entré en pleine possession de son naturel. Mais, comme ce style, qui n'apparaît, dis-je, pleinement formé que dans quelques passages de *la Samaritaine*, fleurit et s'épanouit sur toute l'étendue de *Cyrano* et de *l'Aiglon*, nous en parlerons plus savamment à propos de ces œuvres.

*   *
*

Le ressort dramatique de *Cyrano* est un artifice. Mais c'est un artifice heureux. J'ai reproché à la donnée des *Romanesques* d'être artificielle, parce qu'elle suppose chez les personnages l'absence ou la déformation des sentiments naturels. Ces sentiments sont délicatement observés dans *Cyrano*, et l'ingénieuse combinaison inventée par le poète, combinaison réalisable sur le théâtre, non dans la vie, ne fait en quelque sorte qu'en tirer la conséquence. Elle leur fournit ce que leur eût refusé la vie : la possibilité de se manifester et de déployer leur grâce. Je veux parler de la substitution amoureuse concertée entre Cyrano, spirituel et débordant de passion éloquente, mais trop laid pour plaire aux yeux d'une belle, et Christian de Neuvillette, beau comme le jour, mais trop court de cervelle pour plaire à son âme. Cyrano écrira les lettres et dictera les paroles. Christian mettra en action les discours et les métaphores enflammées de son ami. Christian grimpera sur le balcon d'où l'on écoute, en confondant un peu les voix, l'éternelle sérénade de la jeunesse et du printemps, modulée dans la rue par le pauvre Cyrano. N'est-ce pas charmant? Et Lemaître — le seul critique qui ait parlé avec justesse des œuvres de Rostand au moment où elles paraissaient — n'a-t-il pas eu raison de dire que Corneille, le Corneille des comédies, eût envié cette invention à côté de laquelle les siennes semblent un peu lourdes? La souffrance d'un homme de cœur dont la nature a disgracié le visage, l'illusion d'une jeune fille qui prend de beaux yeux et de jolies moustaches pour l'enseigne authen-

tique de tout ce dont le cœur a besoin,
voilà les deux données morales, les deux
faits de l'âme qui alimentent ce joli jeu et
cette piquante intrigue. Aussi nous touche-
t-elle en même temps qu'elle nous amuse.

L'extrême popularité d'une œuvre que
tout le monde a vu jouer me dispense d'entrer dans les détails de la fable pour en montrer l'excellente tenue dramatique. Au théâtre,
rien ne vaut sans l'unité, sans cette perfection de mécanisme et d'agencement, que
certains beaux esprits dédaignent, mais dont
nos classiques étaient si soucieux, que ce
fût pour composer *Andromaque* ou pour
composer *les Fourberies de Scapin*. Chacun
sait par quels enchaînements bien venus
et pleins de logique dans la fantaisie, les
épisodes de Cyrano se relient à l'action principale et s'ordonnent aimablement autour
d'elle, comment elle est rattachée au milieu
où elle évolue. Cette compagnie des Cadets
de Gascogne qui va et vient à travers la
comédie, mais y est toujours à sa place,
comme il sied à une compagnie bien com-
mandée, quelle bonne invention encore ! Je
l'avoue aux délicats : la scène de provoca-

tion entre Christian et Cyrano, la scène où Christian sert et ressert son nez au terrible enfant de Bergerac sans parvenir à le faire dégainer, tant l'amour a de puissance sur son cœur, cette scène joyeuse et fine me fait grand plaisir et je ne crois pas en cela manquer de délicatesse. L'acte de la bataille, moins serré, sans doute, moins bien fondu que les deux précédents, si remarquables, me divertit à peine moins. Et j'y goûte surtout l'arrivée de Roxane, cette miniature de Longueville, traversant les camps et les horreurs de la guerre dans sa calèche, pour embrasser son jeune mari. Cela n'est-il pas dans la plus pure et la plus délicieuse tradition du romanesque français?

L'artifice de l'invention n'est pas le seul qui caractérise *Cyrano*. Il y a aussi l'artifice de l'élocution, inséparable de celui du fond même et qui le suit d'un bout à l'autre de l'œuvre, comme son fidèle reflet. Les personnages s'expriment dans un langage conventionnel et outré, qui s'écarte énormément de la nature et qui cependant ne la trahit pas, car il offre comme une transposition systématique et plaisamment concertée du

langage naturel. Ces personnages ne sont pas
des ombres vaines, des fantoches parlants ;
ils sont vivants et vrais, d'une absence de
complexité « psychologique » qui ne manque
pas de charme à leur âge, l'âge de la jeunesse.
Ce sont des jeunes gens à la française, épris
d'amour, de gaîté, de loyauté, de bravoure,
de fantaisie, d'aventures, et que nous con-
naissons bien. Mais ils se présentent à nous
sous une sorte d'alibi sympathique ; ils se
revêtent d'un habit d'arlequin, drolatique
et agréable ; ils nous parlent à travers un
porte-voix aux sonorités comiques et trucu-
lentes ; ils nous regardent à travers un masque
dont la peinture est comme une pochade.
Sous cet attirail nous avons d'autant moins
de peine à discerner leurs traits réels et
simples, les traits généreux et légers de notre
race à vingt ans, qu'il nous est lui-même très
familier, étant emprunté aux créations d'une
littérature ou plutôt de plusieurs littératures
traditionnelles, qui ne sont pas, tant s'en
faut, ce que notre goût national a produit
de meilleur, mais pour lesquelles il conserve
et conservera toujours un certain faible.
Nous les retrouvons, ces littératures, fleu-

rissant sur les lèvres de Cyrano, de Christian, de Roxane, de Raguenau et des mousquetaires, qui sont ici plus de trois. Nous les y retrouvons avec leurs tours, leurs traits, leurs prouesses verbales et leurs élégances typiques, ingénieusement adaptées et stylisées, mises au point, grâce à un dosage malin d'archaïsme et d'ironie, s'offrant sans prétentions, qui seraient déplacées de leur part, et sous un air bon enfant qui est le meilleur qu'elles puissent prendre pour nous inviter à leur faire fête. L'amour et le sentiment, traduits dans le goût de la société précieuse de l'époque de Louis XIII, la gaîté, la bravoure, l'esprit d'aventure, la vantardise juvénile s'épanouissant dans les formes du vieux roman picaresque et du roman de cape et d'épée, renouvelé par Alexandre Dumas, telles sont les principales sources de l'inspiration de *Cyrano*. Un composé de préciosité, de bouffonnerie espagnole, d'effervescence et de cliquetis romantique, en voilà le style.

— Ce style est donc la réunion de tous les mauvais goûts? Assurément. Mais de tous ces mauvais goûts le poète a comme extrait une quintessence extrêmement hilarante et brillante. Et c'est ce qu'il n'a pu faire sans art. Un boniment de foire réussi n'est aussi qu'un tissu de choses de mauvais goût et il peut offrir un régal littéraire, parce que le mauvais goût y est à sa place. Il est merveilleux ici.

— Cependant le mauvais goût s'aggrave de pastiche; et quoi de plus froid? — Le style de *Cyrano* est plus qu'un pastiche; il est un amalgame de pastiches. Mais le résultat n'est pas froid, parce que le poète a su, encore une fois, faire passer à travers cet amalgame un courant de verve et de jeunesse et qu'il en a manié et combiné les éléments avec une délectation si extraordinaire qu'elle a équivalu de sa part à une véritable inspiration. Ce qu'il importe de dire, c'est qu'une telle tentative, ayant été heureuse une fois, ne pouvait être recommencée une seconde, ou bien il eût fallu refaire exactement et presque mot pour mot *Cyrano de Bergerac*.

Le goût précieux, auquel Molière a fait une réputation salutairement ridicule, à un moment où la littérature venait de retrouver le ton du naturel et où il s'agissait de dé-

fendre cette divine et fragile conquête, avait
mieux valu, en son principe, que Molière
n'en a jugé. Il procédait d'une intention
noble et ingénue. Une élite sociale, rebutée
de la rudesse que cinquante années de guerres
civiles avaient répandue dans les mœurs,
entreprit de réagir et de restaurer la politesse et la délicatesse des sentiments, la
finesse et l'élégance des façons de parler.
Elle commença par y mettre une application laborieuse et une outrance naïve. Le
plaisir tout neuf et encore barbare qu'elle
éprouvait à se servir des ornements du langage lui fit croire que le langage le plus orné
et le plus figuré était le meilleur et le plus
choisi. Bien plus : elle se persuada de l'existence d'une sorte d'harmonie préétablie ou
même de parallélisme entre ce qui orne le
discours et ce qui orne l'âme, elle s'imagina
qu'en développant les figures qui expriment
les sentiments, elle expliquait les nuances,
les phases et tout le fin des sentiments eux-
mêmes et que le trait invariablement poussé
jusqu'à la pointe, la métaphore perpétuelle-
ment épandue en allégorie contenaient autant
de vérité psychologique et d'instruction mo-

rale que de charme litéraire. C'est ainsi que
tout en poursuivant un but de spiritua-
lisation, elle se rendit incapable de rendre
autrement que d'une manière très maté-
rialisée les choses du cœur et de l'esprit.
Rostand a été séduit autant qu'on puisse
l'être par cette manière (son premier écrit
avait été un éloge de d'Urfé couronné par
l'Académie de Marseille). Mais il serait injuste
de ne pas dire qu'il a participé à ce qu'elle
impliquait de candeur et de gentillesse. Il
a été, dans la plénitude du terme, un précieux.

CHRISTIAN *(à qui Cyrano souffle les mots)*

L'amour grandit bercé dans mon âme inquiète
Que ce... cruel marmot prit pour... barcelonnette !

ROXANE, *s'avançant sur le balcon.*

C'est mieux ! Mais, puisqu'il est cruel, vous fûtes sot
De ne pas, cet amour, l'étouffer au berceau !

CHRISTIAN, *même jeu.*

Aussi l'ai-je tenté, mais... tentative nulle :
Ce... nouveau-né, madame, est un petit... Hercule.

ROXANE

C'est mieux !

CHRISTIAN, *même jeu.*

De sorte qu'il strangula comme rien...
Les deux serpents... Orgueil et... Doute.

ROXANE, *s'accoudant au balcon.*

Ah ! c'est très bien.
— Mais pourquoi parlez-vous de façon peu hâtive ?
Auriez-vous donc la goutte à l'imaginative ?

. . . . . . . . . . . . . . . . . . . . . . .

Vos mots sont hésitants. Pourquoi ?

CYRANO, *parlant à mi-voix comme Christian.*

C'est qu'il fait nuit,
Dans cette ombre, à tâtons, ils cherchent votre oreille.

ROXANE

Les miens n'éprouvent pas cette difficulté.

CYRANO

Ils trouvent tout de suite ? Oh ! cela va de soi,
Puisque c'est dans mon cœur, eux, que je les reçois ;
Or, moi, j'ai le cœur grand, vous l'oreille petite.
D'ailleurs vos mots à vous descendent : ils vont vite.
Les miens montent, madame : il leur faut plus de temps !

ROXANE

Mais ils montent bien mieux depuis quelques instants.

CYRANO

De cette gymnastique ils ont pris l'habitude !

ROXANE

Je vous parle en effet d'une vraie altitude !

CYRANO

Certes, et vous me tueriez si de cette hauteur
Vous me laissiez tomber un mot dur sur le cœur.

Le précieux authentique a-t-il jamais fait
aussi bien que ce précieux imité ? Et ne sentez
vous pas, circulant à travers ce lacis de

pointes et d'antithèses je ne dirai pas « du tendre », comme on eût dit dans *l'Astrée,* mais un souffle de vraie tendresse?

Toutes les façons de manquer à la règle du naturel sont voisines entre elles. Il n'y a rien qui se rapproche plus du précieux (la remarque en a été faite cent fois) que le romantique. Nous trouvons de part et d'autre la même rupture d'équilibre entre la pensée et l'expression, la même hypertrophie du discours, la même tendance à déformer et adultérer le fond, de manière à l'accommoder à tous les effets de style où se complaisent des poètes plus inspirés par la magie sensible des mots et des images que par la beauté de l'idée vraie. Je n'ai pas besoin de dire que la forme romantique, venue après deux grands siècles de littérature et d'art, est infiniment plus riche et plus séduisante que la forme précieuse. Et l'on ne supposera pas davantage que je veuille faire tenir dans cette prédominance des prestiges du verbe sur la préoccupation de la vérité tous les caractères du romantisme ; c'en est l'un seulement et celui par où il ressemble au précieux. Cependant, entre toutes les espèces sous lesquelles le romantisme est apparu, il en est une qui semble bien n'avoir eu ni d'ailleurs cherché d'autre caractère que celui-là et qui, par là même, ressemble comme deux gouttes d'eau à la préciosité toute pure. C'est ce que j'appellerai le petit romantisme, le romantisme de Théophile Gautier et surtout de Théodore de Banville, mince canal ou ruisselet de dérivation du gros fleuve romantique, où notre Rostand s'est abreuvé avec délices.

Le petit romantisme n'a certes pas la puissance lyrique, ni la séduction fascinatrice ni l'éloquence de son gros aîné, gonflé à la fois de vent et de passion. Il a plus d'esprit. Il ne se soucie guère du vrai. Encore moins s'attache-t-il au faux que son aîné cultivait sérieusement. Il délaisse la psychologie fausse et creuse des drames de Victor Hugo et des premiers romans de George Sand ; et c'est pour se passer à peu près complètement de psychologie. Il ne revient pas à l'étude de la nature, ce qui serait revenir à l'art classique. Du moins n'y substitue-t-il point une nature emphatiquement truquée. Les héros de ses fictions ne sont ni des personnages naturels

ni des personnages chimériquement com-
posés. Ce sont des silhouettes dont tout le
caractère, tout l'être se réduit à un simple
trait saillant, mais unique, de pittoresque
moral ou même corporel et pourrait presque
intégralement se traduire en gestes d'ombres
chinoises. D'Hernani, de Ruy Blas, il fait
ce qu'Hernani et Ruy Blas connaîtraient
qu'ils sont, si leur grandiloquence superbe
ne les abusait sur eux-mêmes ; il en fait le
capitan, le matamore, une figure de théâtre
toute en discours et de qui le discours se
renouvelle et rebondit avec d'autant plus
d'aisance qu'il n'est qu'une affaire de virtuo-
sité et qu'il ne s'agit que de nous étourdir
en nous divertissant. En général, le petit
romantisme bâtit ses créations littéraires sur
une idée matériellement frappante pour les
sens et aussi simplifiée que possible pour
l'esprit. Il est avant tout amoureux des jeux
de la diction ; et celle-ci a tous les avantages
pour se donner librement et vertigineuse-
ment carrière, puisque d'une part, elle est
affranchie de la retenue que lui imposerait
le souci de se modeler sur un fond complexe,
fait de rapports profonds et délicats, et que,

d'autre part, le pittoresque artificiel et quasi mécanique de ce qu'elle se donne à traduire prête à une infinité de comparaisons, d'images, antithèses et figures de toutes sortes. C'est comme le chapeau du clown qui épouse facilement toutes les formes, parce qu'il n'a qu'un minimum de forme et n'est même pas un chapeau. Le petit romantisme est l'école de la clownerie et de la jonglerie littéraires, école où l'on ne peut d'ailleurs, comme en toute autre, briller qu'avec du talent. On dirait qu'il place la raison d'être et la fin dernière de la littérature dans les prouesses de la métaphore, dans les caprices et les acrobaties du rythme et de la rime, la rime surtout, à laquelle Banville a consacré un dithyrambe dans son *Petit traité de versification française*, et dont il fait l'âme génératrice de la poésie, la rime infatigablement riche, fascinante, claquante, étourdissante et toujours follement imprévue.

Edmond Rostand a eu l'adoration de ces divertissements qui s'assortissaient très bien avec le précieux à la Scudéry et qui étaient à leur place dans un sujet comme *Cyrano*.

*\
* *

Les hyperboles inouïes que le succès de *Cyrano* inspira à une grande partie de la presse (il vaut la peine de relire le délirant article d'Émile Faguet dans les *Débats*), le ton où ce torrent de louanges aveugles monta l'opinion du public, placèrent Rostand dans une situation périlleuse. Qu'on l'eût ardemment applaudi, c'était fort bien fait, car il avait causé grand plaisir et un plaisir de bon aloi. Le fâcheux, c'est qu'on l'applaudissait à côté. On prêtait à son œuvre une qualité, des proportions très supérieures à ce qu'elle offrait réellement. On le célébrait comme s'il avait fait quelque chose de grand, alors qu'il avait fait un chef-d'œuvre dans le plaisant et dans le joli.

Rostand était un homme fin et modeste (d'une modestie subtile, quoique sincère, dont il savait faire une grâce de plus). Il ne se laissa pas griser. Il sentit très bien qu'on lui mettait une couronne trop large et trop pesante pour sa tête. Il ne crut pas, quoi que lui en dît Faguet, avoir écrit *le Cid.*

Mais il joignait à cette modestie et à cette honnêteté une généreuse flamme d'artiste. Le fait qu'il n'avait 'du beau qu'une notion trop superficielle n'excluait pas de sa part la noble ambition de le réaliser. Il se jugea obligé d'honneur à mériter l'excès de sa gloire, à élever son œuvre jusqu'à la hauteur de sa renommée. Puisqu'on le disait grand poète, il voulut que l'erreur n'eût consisté qu'à lui en donner le nom trop tôt. Il quitta les sentiers de la fantaisie littéraire endiablée et de l'archaïsme étincelant, où il avait rencontré sa juste fortune, pour s'engager dans les chemins escarpés de la grandeur.

Comment allait-il s'y soutenir, comment allait-il seulement pouvoir les aborder avec un pareil style? Il ne s'agissait plus de peindre des pochades et de mouvoir avec des moyens, dont les plus factices étaient les meilleurs, de simples silhouettes de théâtre. Il s'agissait de représenter de vrais caractères humains, de vraies passions, de vraies âmes, de traiter les tragédies ou les comédies réelles de l'humanité et de l'histoire, de reprendre ces éternels sujets des Corneille, des Racine, des Molière, des Shakespeare, dont le fond ne change pas plus que les conditions de notre destinée ; il s'agissait de saisir profondément le cœur, d'intéresser l'esprit. Cela se pouvait-il faire sous la forme de pointes et de jeux de mots et au bruit perpétuel de ces rimes insolentes qui attirent sur elles-mêmes toute l'attention? Rostand ne s'est pas posé la question, il n'a pas vu se lever en lui ce scrupule, parce que, cette manière d'écrire, il ne l'avait pas adoptée pour une saison et en vue d'un certain sujet auquel elle convenait ; c'était le sujet qui s'était trouvé en harmonie avec elle et comme appelé par elle ; elle constituait pour Rostand, non un style particulier et voulu, mais le style même. Elle répondait à son naturel et à sa portée intellectuelle ; il ne pouvait pas se servir d'une autre ; il avait celle-ci dans le sang. Quel que fût le sujet qu'il choisît, il fallait donc qu'au lieu d'y conformer le style dans lequel il le traiterait, il le ramenât à la mesure du seul style dans lequel il pût le traiter. C'est ce qu'il a fait dans *l'Aiglon.*

Si l'on ne connaissait rien de Rostand et que l'on ne connût *l'Aiglon* que par une

sèche analyse, on pourrait sans peine se le
figurer comme un chef-d'œuvre ; il semble-
rait que ce squelette soit fait pour porter
un corps superbe et florissant. La machine
dramatique apparaîtrait d'une construction
remarquable par sa largeur et son aisance ;
on serait surpris de l'éblouissante quantité
de personnages, d'épisodes et de tableaux
que le poète a réussi à y faire tenir sans
s'écarter de l'action principale. Mérite plus
rare : on pressentirait dans la conception
des caractères beaucoup de vérité, de pénétration et de profondeur. Le napoléonide,
mélange de héros impuissant et d'élégiaque
tourmenté, velléitaire partagé entre les appels
du sang et de la grandeur paternelle et les
dépressions de la servitude, de la rêverie et
de la volupté ; Marie-Louise d'Autriche,
étourdie, à qui la formidable aventure de
son mariage et du désastre impérial ne fait
plus que l'effet d'un rêve ennuyeux et qui la
mesure maintenant comme une simple inter-
ruption aux occupations futiles de la cour
de Vienne ; la sévérité du fils pour la mère
se résolvant en pitié et les impulsions de
tendresse de la frivole mère lui faisant entre-

voir parfois, dans un éclair vite éteint, la tragédie des choses et le fond de l'âme du fils ; Metternich, observateur vigilant et profond du jeune captif qu'il garde pour le compte de l'Europe et s'appliquant savamment à énerver cette âme dont l'énergie menacerait le repos du monde ; voilà des idées qui, conformes ou non à la vérité historique, sont bien dans la direction de la nature ; et l'on se dirait, si l'on ne savait, encore une fois, comment elles ont été mises en œuvre, qu'elles ont dû (ainsi que vingt autres idées accessoires, non moins séduisantes) présenter à l'imagination morale du poète un champ merveilleux, fournir l'étoffe de la composition dramatique, la plus riche de substance, la plus brillante et la plus élevée.

Ces idées, après tout, nous ne les inventons pas. Il faut bien, pour nous les suggérer, que Rostand en ait au moins ébauché la réalisation. C'est ce qu'il a fait et son ébauche porte bien des traces de finesse dont l'équité critique doit tenir compte. Au total, elle a avorté. L'exécution a trahi ce qui avait pu flotter de grand dans le dessein. Celui-ci, pour demeurer à la hauteur de main du poète, a dû se rabaisser à la taille d'un mode d'expression qui, appliqué à une telle matière, est la petitesse et l'enfantillage même.

Tout le monde a en mémoire cette Bible dont Victor Hugo regardait les images dans son enfance,

> Où l'on voit Dieu le Père en habit d'empereur.

Supposez un philosophe qui, ayant à renseigner de grandes personnes sur la nature et les attributs de Dieu, leur servirait en guise d'explication une description pittoresque de l'habit d'empereur et de la barbe blanche, ingénieusement poussée jusqu'à un degré de minutie cocasse et même bouffonne ; imaginez d'ailleurs que cet exercice fût pratiqué dans une intention invraisemblablement, mais parfaitement sérieuse : vous aurez un aperçu de la terrible poétique de *l'Aiglon*.

Incapacité radicale et je dirais presque systématique d'embrasser et de rendre l'idée en elle-même, et substitution à l'idée, de quelque objet matériel qui ne la représente qu'au point de vue d'un symbolisme foncièrement conventionnel, voilà ce qui s'observe sur toute l'étendue et dans presque tous les détails de cet ouvrage dont la donnée était si haute ; voilà le procédé dont le poète n'a cessé de se servir avec une complaisance et, d'ailleurs, une verve, une fertilité dont on ne se figure pas les trouvailles, si on ne l'a pas lu. Le plus souvent, ces symboles, ou, pour mieux dire, ces hochets représentatifs de l'idée attendue, mais fuyante, lui sont fournis par ce que j'appellerai l'imagerie du sujet, c'est-à-dire par les images, devenues populaires, sous lesquelles la peinture et la gravure (de Charlet et Raffet à Caran d'Ache et Boutet de Monvel), le poème et la chanson (de Victor Hugo à Béranger) ont montré les personnages et les événements napoléoniens. C'est à travers cette imagerie du sujet qu'il voit le sujet ; sa pièce est cette imagerie portée sur les planches et mise en tableaux vivants. Et l'on conçoit bien que, fût-elle dans l'original toute composée de chefs-d'œuvre, elle ne puisse faire, utilisée de la sorte, qu'un effet d'éblouissant bric-à-brac. On croirait être dans le magasin de curiosités ou d'accessoires et que tous les objets, se prenant pour des personnes, se mettent à parler et à dialoguer ensemble. « Je suis Napoléon, puisque je suis la redingote grise. — Et moi, Murat, puisque tu contemples en moi sa défroque. » Écoutez, s'il vous plaît, la grande pensée du Concordat dans le tic tac de la petite pendule posée sur la table où il reçut les signatures. Quand le poète n'a pas sous la main quelqu'un de ces moyens d'expression, comme il ne peut jamais voir ses personnages et leurs actes directement, il s'aide d'une espèce de mannequin ; il les remplace par un acteur imaginaire qui en jouerait le rôle. Ce qu'il nous montre ce n'est pas eux, mais le jeu et les gestes de cet acteur supposé. En un mot, sa pensée, comme artiste, ne se réalise que sous la forme de l'artificiel et au moyen d'une sorte d'intermédiaire ou de traduction mécanique. Je n'ai pas besoin de montrer que l'expression de la nature, faisant nécessairement courir l'esprit sur un beaucoup moins grand nombre d'objets, offre infiniment moins de ressources à la rime que ce perpétuel inventaire matériel et ce kaléidoscope verbal.

Faut-il citer des exemples?

Il y a un endroit du drame où l'auteur a voulu, avec entière vraisemblance d'ailleurs, que Metternich épanchât sa haine contre Napoléon et les Français. Comment s'y est-il pris? Il a mis cet homme d'État en présence d'un chapeau tout pareil au fameux « petit chapeau » de l'Empereur, et, dans une méditation dont le ton ne manque pas de solennité, lui a fait déduire une à une les raisons de son sentiment des aspects de cette coiffure :

Ah! ne crois pas pour toi que ma haine s'endorme!
Je t'ai haï, d'abord, à cause de ta forme,
Chauve-souris des champs de bataille! chapeau
Qui semblait fait avec deux ailes de corbeau!
A cause des façons implacables et nettes
Dont tu te découpais sur nos ciels de défaites...
Et je te hais pour ta cocarde arrondissant
Son gros œil jacobin tout injecté de sang :
Pour toutes les rumeurs qui de ta conque sortent,
Grand coquillage noir que les vagues apportent,
Et dans lequel l'oreille écoute, en s'approchant,
Le bruit de mer que fait un grand peuple en marchant!
Pour cet orgueil français que tu rendais sans bornes,
Bicorne qui leur sert à nous faire des cornes!

Il y en a soixante-dix vers et vous ne sauriez croire toutes les figures que cet objet historique prend l'une après l'autre. Mais oubliez que c'est Metternich qui parle. Intitulez cela : « Tirade sur un chapeau célèbre », et mettez-le dans un recueil de morceaux choisis de nos auteurs burlesques, depuis Scarron. Placé sous ce jour, qui est le vrai, le morceau devient, ma foi ! remarquable, superbe. Il est meilleur que la tirade de Cyrano sur son nez et il est du même genre absolument. Certes Hugo eût souri à ce fils original de sa verve magnifique.

Le duc de Reichstadt, en un moment de prostration amère où il doute de lui-même et se résigne à ne faire d'autres conquêtes que celles de l'amour, s'exprime en ces termes :

> Soit ! soit ! c'est bien qu'ainsi finisse la légende,
> Et que ce conquérant de cet autre descende !
> Soit ! je serai le reflet blond du héros brun
> Qui s'en allait, les battant tous l'un après l'un,
> Et, tandis que je les vaincrai l'une après l'une,
> Mes soleils d'Austerlitz seront des clairs de lune.

Ceci, en revanche, est tout à fait mauvais, à cause des pointes et des rimes d'abord, puis parce que le personnage nous donne, comme l'expression de sa pensée sur lui-même, ce qui pourra être dit de lui dans une page de littérature prétentieuse et fade, enfin à cause de cette idée de la « légende » qui n'existait pas dans le temps où il parle, et qui, de toutes façons, est absurde dans sa bouche.

Je m'arrête. *L'Aiglon* est assez connu. Mais je tiens particulièrement à dire que, de tous les protagonistes, celui à qui je ferais le moins volontiers grâce, c'est le célèbre Flambeau, dont tous les discours, vertigineux certes d'élocution, ne sont que la paraphrase de cette pensée élémentaire : « Je suis le grenadier épique selon Victor Hugo. Je suis le grognard, d'après Raffet ! Voyez-moi ! »

*<br>* *

Je ne m'arrêterai pas à *Chantecler* pour deux motifs. Tout d'abord l'étude de cet ouvrage ne nous révélerait dans le génie d'Edmond Rostand aucun trait essentiel que nous n'y ayons déjà observé. De plus, *Chantecler* ne réussit guère et n'a laissé dans l'imagination publique qu'une trace faible et indécise. Et ce qui m'a paru rendre intéressante une analyse un peu poussée du goût de Rostand, c'est que le goût du public qu'il a enthousiasmé s'y reflète comme dans un miroir.

Moins sévère que quelques autres, moins indulgent que beaucoup, je n'ai pas pris à l'égard de ce goût, de ce courant, une position d'adversaire. Le talent de Rostand est composé d'une part considérable d'artifice et d'une moindre, mais certes réelle, part de cœur. Le cœur et l'artifice ont fait bon ménage dans *Cyrano de Bergerac*. C'est pourquoi l'artifice lui-même y a pris un fort beau tour de naturel et d'agrément. Je crois pouvoir dire que cette œuvre restera et que les autres périront : *les Romanesques* et *la Princesse lointaine*, parce que ce sont choses frêles et chétives, *l'Aiglon* et *Chantecler*, au contraire, parce que ce sont choses boursouflées, « grandes machines », comme on dit, et que l'auteur y a voulu couvrir un espace trop large pour son haleine.

Pour expliquer la popularité de son succès, on a souvent invoqué une raison morale qui lui fait honneur. On a dit que son œuvre était d'inspiration très honnête et rien n'est plus juste. On a dit qu'elle respirait un souffle d'héroïsme et d'idéalisme et qu'à cet égard les meilleurs et les plus chers instincts de notre nation s'y reconnaissaient. Cette louange n'est certainement pas imméritée. Il faut seulement observer, comme je l'ai fait, que l'héroïsme, tel que se l'est représenté et que l'a chanté Rostand, a plutôt l'air d'un héroïsme en attitude que d'un héroïsme en action. Mais l'intention en est généreuse. Et nous devons nous souvenir sans ingratitude qu'à l'époque où ces œuvres ont paru, la France languissait plus lourdement que jamais sous le poids de sa vieille défaite et n'entrevoyait même plus de terme à son dépérissement. Dans cette pénible situation nationale, que notre jeunesse, comme la jeunesse de Rostand, a vécue avec amertume, des appels, même un peu factices, à la vaillance et à la gloire, avaient bien leur valeur. Ils ne nous semblent plus aussi factices à présent. Le pauvre Cyrano a cessé de bavarder, de déclamer et de se camper, en août 1914. Il est allé tomber dans les champs de la Marne, avec la fleur de la France ressuscitée. Son dernier cri aura été celui qu'il adresse à ses mousquetaires gascons dans leur langue natale et qu'on me permettra de trouver, comme Béarnais et comme Français, le plus beau de toute la pièce : *Hardi! Reculès pas, drollos!... Toumbé déssus! Escrasas lous!* Ne reculez pas, garçons! Tombez-leur dessus! Écrasez-les!

C'est fait, brave Cyrano!

# POUR ET CONTRE
# LE DIX-NEUVIÈME SIÈCLE

———

Ma personnalité ne compte pour rien dans
la question vaste et posée d'ailleurs singulièrement, dont je voudrais dire quelques
mots. Mais on l'a mise en cause à ce sujet.
M. Maurice Le Blond, commentant l'enquête
des *Marges* sur le point de savoir « si le dix-
neuvième siècle a été un grand siècle », écrit
ces lignes : « Nous sommes en présence d'une
campagne collective qui ne date pas d'aujourd'hui (elle puise ses origines dans les
écrits de M. Maurras et de M. Lasserre,
pour ne citer que ces deux noms) et tend à
dénaturer et à bafouer en bloc la plus féconde
et brillante époque de notre histoire littéraire. Nous devinons bien une volonté réfléchie, préméditée de *démolition systématique*

et, quand on alla jusqu'à qualifier de « stupide » le dix-neuvième siècle français, il faut voir dans ce mot l'expression outrancière, caricaturale, formulée par un écrivain excessif et forcené, de la dangereuse tendance que nous voulons dénoncer. »

M. Le Blond fait allusion à mon livre sur *le Romantisme français*, paru en 1907. Je crois bien qu'il en parle par ouï-dire. S'il l'avait lu, il ne pourrait m'attribuer les intentions qu'il « dénonce ». J'ai écrit contre le romantisme, non pas contre le dix-neuvième siècle. Ce n'est pas du tout la même chose. Le romantisme n'est pas, tant s'en faut, tout le dix-neuvième siècle. Ce siècle a vu s'amasser et couler tout le long du développement romantique de puissants courants d'anti-romantisme représentés par les plus grands noms et dont j'ai, dans ma modeste mesure, pris la suite. En outre, la plupart des faits littéraires que j'ai étudiés sont situés dans la première moitié de ce siècle. Si j'avais parlé de la seconde, c'eût été dans un sentiment tout différent. Car il y a deux siècles dans le dix-neuvième siècle, deux siècles qui le partagent en son milieu à peu près ; et s'il s'est infiltré dans le plus récent une bonne dose de romantisme, il nous offre, chez ses meilleures têtes et ses plus grands écrivains, le spectacle d'une réaction générale et vigoureuse contre les tendances de son prédécesseur. L'opposition des deux périodes est des plus tranchées.

Je dirai plus et m'avouerai incapable, en thèse générale, de prononcer sur quelque siècle que ce soit un jugement global et, comme disent les scolastiques, « univoque ». A plus forte raison, quand il s'agit d'une époque aussi prodigieusement mêlée que celle-ci et qui, en sa fécondité exubérante, a vraiment produit tous les contraires. Nos confrères des *Marges* veulent savoir si cette époque « a été grande ». Mais ces fins lettrés seraient les premiers à sourire du personnage qui déposerait dans leur salle de rédaction sa carte de visite avec ces mots : « Certes, messieurs, le dix-neuvième siècle a été un grand siècle ! » Ils s'étonneraient de ne pas trouver sur cette carte le nom de M. Homais ou de M. Prudhomme. Pour moi, je demande la permission de distinguer, distinguer, distinguer encore. Distinguer est le

signe de l'être pensant. Ces sentences d'apo-
théose ou de damnation appliquées à un
ensemble historique que le plus puissant historien aurait grand'peine à embrasser d'un
seul regard sont de la démagogie critique.
Elles n'engendrent pas la lumière. Les uns
crient *Raca* sur le dix-neuvième siècle; les
autres, scandalisés, arrivent pour réparer
l'outrage et faire oraison dans le sanctuaire
profané. Cela fait-il avancer la question? Je
crois bien que cela la fait plutôt reculer.

Distinguer, voilà ce que je m'étais appliqué
à faire dans le bouquin, vieux de quinze ans,
auquel M. Le Blond m'oblige (et je m'en
excuse) à me référer. Non seulement je ne
m'étais pas attaqué au dix-neuvième siècle,
mais je ne m'étais pas attaqué à l'ensemble
de la littérature dite romantique ni à l'ensemble des poètes qu'on a coutume d'y rattacher. Ce que je visais, et avec une inimitié
intellectuelle très vive, mais qui donnait ses
raisons, c'est un certain genre d'inspiration
qui s'épanche, il est vrai, dans cette littérature en grande abondance, mais n'en compose pas, tant s'en faut, tout le fond : l'inspiration de l'individualisme romantique. Je

recherchais les causes de cette disposition de l'âme, et je croyais les trouver (ce n'était pas précisément une découverte), en premier lieu, dans les écroulements politiques, sociaux, religieux qui ont inauguré le dix-neuvième siècle ; en second lieu, dans les lourdes perturbations infligées à la merveilleuse humeur nationale des Français d'autrefois, à l'âme vive et claire de nos bonnes races par l'afflux massif, trop brusque et, par conséquent, trop peu ménagé et filtré des influences métaphysiques, religieuses et lyriques de la Germanie.

Détaché de ses vieux liens communautaires, arraché aux protections de la civilisation si humaine et si bienveillante qui jadis encadrait et portait sa vie, n'étant plus soutenu contre les mille épreuves qu'implique normalement la condition d'homme par la forte et heureuse chanson de son sang alerte, le Français d'élite, dans la première moitié du dix-neuvième siècle, a vécu sous l'accablante impression d'un hostile désert moral et social déployé autour de lui. Dans cette solitude morale, il a commencé de gémir sur soi-même, il a accordé sa lyre pour la grande élégie du moi et de ses menus mécontentements érigés en grandes catastrophes. Alors qu'en des temps plus heureux, les mœurs lui faisaient finement sentir sa mesure et que les institutions limitaient sans tyrannie sa destinée, le trouble des mœurs et la révolution permanente des institutions l'ont poussé à se prendre pour mesure de tout et à rêver impérieusement ou languissamment l'impossible, l'impossible dans les passions, l'impossible dans la domination, l'impossible dans la gloire. De là, des déceptions aussi fatales que peu intéressantes, à base d'absurdité, souvent de puérilité, mais que, poète, il a imposées à l'attention et même à la vénération de ses contemporains en les chantant avec les grands accents qui conviennent à l'éploration des calamités publiques ou des colères du Très Haut. Car ils étaient magnifiquement doués, les plus grands de ces poètes qu'inspira, non toujours certes, mais trop souvent pour leur vraie gloire, la chétive Muse de la vanité et de la personnalité littéraire chimériquement avide et insatisfaite. Et c'est ce contraste qui a imprimé au romantisme littéraire sa

tare centrale : la disproportion entre le soulèvement pathétique et emphatique, la
grande et grosse musique du verbe, et la
petitesse insidieuse de l'idée et du sentiment,
le sujet de vaudeville traité sérieusement en
drame et la « petite histoire » en Apoca-
lypse. Que ces poètes aient parlé d'eux-
mêmes, ce n'est pas ce dont on se plaint.
Quoi de plus délicieux qu'un homme qui
parle de lui-même sincèrement, simplement,
avec une bonne philosophie? On leur reproche (et c'est tout autre chose, c'est
presque le contraire) les troubles méfaits de
leur penchant à l'éternelle doléance sur eux-
mêmes, à l'éternel plaidoyer pour eux-mêmes,
à l'éternelle insinuation d'eux-mêmes ; on
leur reproche que ce penchant même ait
manqué de franchise et qu'il se soit exercé
sous tous les masques, sous les plus solennels
et les plus gros, au besoin sous celui de l'histoire universelle et du bon Dieu ; on leur
reproche que, dans la mesure où ils ont cultivé ce grandiose cabotinage, la littérature
française ait cessé par eux d'être ce qu'elle
était chez Rabelais, Montaigne, Bossuet et
Voltaire : honnête homme. Encore de ce

cabotinage ne doit-il être traité que dans un
sentiment large et philosophique, par égard
à l'ampleur des bouleversements dont il a
été, dans une élite socialement desaxée,
l'émouvante et lamentable conséquence.

J'amorce à gros traits le thème complexe
de mon étude. Je crois en avoir dit assez pour
faire convenir M. Le Blond que je ne parlais
pas de tout à la fois et que j'avais, dans
l'ample sein du dix-neuvième siècle, exactement circonscrit l'objet de ce qu'on a nommé
mon « réquisitoire ». Grâce à cette définition
précise de mon sujet, je pouvais user, selon
mes forces, de la méthode de l'analyse, sans
m'appuyer, pour avoir raison, sur les sentiments des sectes et les passions sommaires
des partis. Existe-t-il vraiment des projets
de *démolition systématique* du dix-neuvième
siècle? Je ne comprendrais pas trop ce que
cela peut vouloir dire et je laisse à M. Le
Blond les responsabilités de cette alarmante
nouvelle. En tout cas, s'il me fait l'ancêtre
de tels projets, c'est que, par un fanatisme
de sens opposé à celui contre lequel il s'élève,
mais au fond de même nature, il considère
le dix-neuvième siècle comme intangible « en

bloc », c'est qu'il interprète la critique libre
et raisonnée de telle ou telle de ses grandes
manifestations intellectuelles et littéraires
comme un blasphème total qui lui dénie
aveuglément toute grandeur et toute valeur.

*
* *

La littérature romantique n'est pas tout
le dix-neuvième siècle. Mais, romantique ou
non, la littérature en général n'est pas tout.
Il y a aussi la philosophie et les sciences qui
entrent, je pense, en ligne de compte dans le
bilan intellectuel d'une époque. Je m'étonne
que les consultants des *Marges* n'aient pas
abordé ce terrain. L'écrit de Léon Daudet,
qui a été l'occasion de l'enquête, les y pro-
voquait. Daudet juge que le dix-neuvième
siècle n'a pas été « stupide » dans les inspirations de sa littérature seulement, mais
« dans tous les domaines de la pensée ». Il
précise que la science du dix-neuvième siècle,
dans toutes ses vues générales sur les phénomènes de la matière et de la vie, n'a fait
autre chose que de dérailler. Sa démonstration pleine de verve ne m'a pas plus con-

vaincu que ne me convainc Michelet quand, en son *Histoire de France*, il accomplit le même massacre sur la science au dix-septième siècle, siècle qui avait à ses yeux l'inexpiable tort d'avoir vu la victoire du catholicisme sur la Réforme et devait, par conséquent, avoir été médiocre en tout. Mais nous reviendrons sur ce sujet spécial si, comme j'en fais le vœu, *les Marges* complètent leur enquête en mettant à l'ordre du jour la question suivante : « Le siècle de Laplace, de Lagrange, d'Arago, de Lamarck, de Cuvier, de Geoffroy-Saint-Hilaire, de Darwin, de Claude Bernard, de Berthelot, de Pasteur, a-t-il eu quelque valeur quant aux idées générales qui s'y sont produites, soit à titre de certitudes expérimentales, soit à titre d'hypothèses utiles, sur l'économie des phénomènes de la nature? » Vous verrez qu'il se trouvera quelqu'un pour répondre qu'il y a plus de vérités physiques dans les cahiers de physique scolastique du seizième siècle que chez tous ces modernes réunis et que tout ce qu'ils ont cru découvrir figure chez saint Thomas. Ce genre d'opinions est aujourd'hui bien porté. On s'en consolerait certes, si saint Thomas en était plus lu. Car, ainsi que toute lecture d'un grand esprit philosophique, celle-ci exerce supérieurement l'esprit. Mais je ne crois pas à cette austère conséquence.

En attendant de savoir comment nos contemporains jugent la valeur scientifique du dix-neuvième siècle, posons-nous une question que nous ne pourrions résoudre à coup sûr qu'au moyen du sens prophétique, mais à laquelle il est permis de rêver. Nous avons, dans l'enquête des *Marges*, l'opinion des générations les plus âgées d'aujourd'hui ou de générations si mûres déjà que nous n'avons plus de grandes surprises à en attendre. Leur siège est fait. Le nom des consultants nous suffit pour deviner leur position. M. Aulard, en prononçant que Victor Hugo est « le plus grand poète français et peut-être le plus grand poète de tous les temps », prouve qu'il est octogénaire. Cela se disait beaucoup dans le parti républicain à la fin du second Empire. Mais quel est ou quel sera le sentiment des générations qui n'ont pas encore parlé ou qui commencent à peine à parler et qui auront

atteint dans dix ou quinze ans le plein âge
d'homme ! Pourraient-elles dire avec Barrès :
« Ce stupide dix-neuvième siècle ! comme il
est beau et comme je l'adore ! » Pourraient-
elles s'associer de cœur à l'oraison réparatrice où les dévots du dix-neuvième siècle
blasphémé invoquent le nom de saint Hugo?

Hélas ! me dit M. Le Blond, ces justes
piétés ne seront pour elles que momeries,
si elles se laissent séduire par l'insolence avec
laquelle certains traitent aujourd'hui les
grands maîtres du romantisme. Mais prenez
garde ! ajoute-t-il, la leçon aura plus de fruits
que ceux-là mêmes ne le souhaiteraient.
L'exemple de bousculer, invectiver, bar-
bouiller ces magnifiques poètes, elles l'ap-
pliqueront à tout ce qui a été grand dans
les lettres et dans la pensée ; et dans cette
généralisation instinctive, elles trouveront
la commodité admirable de se dispenser de
tout effort pour élever leur esprit. Les jugez-
vous donc si surabondantes de vie intellectuelle, ces récentes générations, que vous
ne trouviez pas d'inconvénients à donner
devant elles de grands coups de pied dans tout
un vaste rayon de la bibliothèque française?

Cet avertissement de mon « dénonciateur » m'a arrêté.

Il est vrai que ces jeunes générations littéraires sont inquiétantes. Elles portent ce signe assez effrayant de ne se connaître aucun objet de culte dans le passé. Le manque de tradition est le manque de nourriture. Il semble que, faute de nourriture, elles aient quelque chose d'aride dans la pensée, de mécanique et, par suite, de grimaçant dans l'imagination. Quel souffle leur soulève l'âme? Le talent pullule chez elles, mais le petit talent qui n'aboutit qu'à des spéciosités artificieuses et à de menus jeux poseurs. Cette dérision universelle des lettres et des arts, qui s'est produite sous le nom de dadaïsme, a parfois montré un peu d'esprit. Si au moins elle se mêlait de quelque amertume ! Ce serait une espérance.

Mais que M. Le Blond se détrompe. Si un contact retrouvé avec les hautes sources littéraires et philosophiques est indispensable pour ramener l'onde de vie au cœur de ces nouveaux venus couvés sur le sable du désert, ce n'est pas chez les maîtres romantiques qu'ils trouveront ces eaux régénératrices. Je crains, au contraire, qu'en leur prêchant ces maîtres, on ne renforce leur scepticisme et qu'un certain sens aigu et impitoyable des choses, qu'ils joignent à leur sécheresse, ne leur rende encore plus sensible et moins supportable qu'à nous-mêmes la part de boursouflure de l'inspiration romantique, du moins le manque de proportions naturelles entre le pathétique démesuré du romantisme et les thèmes qui l'excitent. Ces poètes sont moralement trop loin d'eux, et ce sont sans doute ceux qui, dans tout le passé de notre littérature, leur paraissent les plus vieillis. Ce qui a fait battre leur cœur, nous ne pouvons reprocher à nos jeunes gens que leur cœur en soit peu ému. Il y a des sujets d'émotion plus nobles, plus vastes, plus purs et surtout plus simples et plus naturels. Les *Nuits*, d'Alfred de Musset, ont des parties divines ; nous les savons par cœur. Cependant, il ne faut pas espérer d'un jeune homme d'aujourd'hui, et je dis des meilleurs, des plus sensibles, des plus généreux, qu'il s'en grise comme nous le fîmes. Ce jeune homme pourra faire les mêmes expériences sentimentales que le poète ;

elles ne lui paraîtront pas dignes de tant
d'éloquence ni de tant de complications dans
la douleur. Il résulte de cette opposition
des générations bien des « injustices ». Mais
ces injustices, la postérité les réparera. En
attendant, elles peuvent être fécondes ; du
moins elles sont liées au mouvement et au
progrès de la vie, comme la grandeur littéraire de l'école de Malherbe fut liée à son
injuste dédain pour Ronsard. Heureux les
poètes, les moralistes et les philosophes qui
ne sont pas d'un temps ! Heureux ceux-là
qui ont pensé et senti dans la lumière et qui
ont revêtu d'un voile simple et diaphane la
nature et la vérité ! Il en est de tels dans tous
les grands siècles de la civilisation, et il suffit
que le dix-neuvième siècle ait compté dans
la critique, l'histoire, la philosophie et les
sciences plus d'un de ces esprits de qualité
immortelle pour être rangé hautement parmi
ces siècles supérieurs. Considérons-les tous
comme un seul siècle. Servons-nous de ce
qu'ils ont de meilleur pour parer au danger
le plus grave de notre civilisation menacée :
la langueur et l'alourdissement de l'esprit
dans les hautes parties du genre humain.

# M. GEORGES DUHAMEL

M. Georges Duhamel a conquis une célébrité légitime avec les tableaux de guerre dont ses fonctions de médecin lui ont apporté le sujet. Il a pendant quatre ans soigné sur le terrain et à l'ambulance les martyrs de la patrie. Il a observé, au milieu des tortures de la souffrance, des approches de la mort, des tristesses de la déchéance physique, des joies de la guérison, les mouvements de leurs âmes. Tout ce qu'ils lui en ont confié, tout ce qu'il a su en comprendre et en surprendre, il l'a raconté en deux livres : *Vie des martyrs* et *Civilisation*, sur l'esprit desquels j'ai une certaine réserve à faire, mais dont l'influence, au total, est bienfaisante. Beaucoup de personnes ont du cœur ; tous les cœurs n'ont pas assez d'imagination pour « réaliser » ces spectacles atroces et sublimes d'héroïsme étouffé, de divine patience, de beaux sourires dans le désespoir, où se montre, plus encore que dans l'élan des assauts, la qualité morale de nos bonnes races et qui ne devront jamais quitter notre mémoire ni cesser d'inspirer notre piété. Les livres de M. Duhamel nous aident à maintenir vivant un souvenir et un culte nécessaires.

Dangereux sujet (littérairement parlant) que celui qu'il a choisi.

Au premier abord, on pourrait le croire trop propice à l'écrivain. Est-ce que les choses qu'il évoque ne parlent pas d'elles-mêmes à notre sensibilité, à nos nerfs, à notre conscience, un langage assez fort et assez éloquent? Qu'a-t-il à y ajouter de son fond? Si faible ou si défectueux que puisse être son art, il a cause gagnée par avance ; sa matière a trop de pouvoir sur notre âme, pour que nous songions à lui reprocher ses défauts et que nous ne trouvions pas indélicat de les remarquer. Devant la « vie » de nos « martyrs », si gauchement qu'elle ait été retracée, la critique littéraire ne perd-elle pas ses droits?

J'ai entendu élever cette objection contre l'œuvre de M. Duhamel. Elle ne vaut pas. C'est le contraire qui est le vrai. Précisément parce que cette matière porte en elle-même un irrésistible pathétique et qu'elle a (l'expression ne paraîtra trop forte à personne) un caractère sacré, il est difficile à l'écrivain de se montrer digne d'elle et de trouver le juste ton qu'elle demande. Si nous ne le sentons pas saisi jusqu'aux plus intimes fibres par ce qu'il nous peint et nous rapporte de cruel et de magnifique, il nous offense. Et s'il donne la parole à sa sensibilité, nous sommes prêts à lui dire que nous n'en avons que faire, à lui demander qu'il s'écarte pour nous laisser à notre silence, à notre recueillement, à nos larmes intérieures, en présence de ces glorieuses victimes. Un rien de trop dans l'expression du sentiment nous fera l'effet d'un étalage de pathos à bon marché. Les plus saintes pudeurs excitent ici notre juste méfiance de la littérature. Prêter au soupçon de rhétorique, dans de tels récits, serait hideux.

Il est singulièrement honorable pour la nature et le talent de M. Duhamel qu'il nous ait fait accepter ces livres. Il lui a fallu pour cela de bien belles qualités : de la délicatesse et de la finesse d'esprit, un cœur discret, auquel nous savons d'autant plus gré de sa retenue que, de lui-même, il serait, je crois, enclin à bien des intempérances, une grâce et une douceur de l'humeur qui se soutiennent jusque dans les déchirements de la compassion, une faculté de sympathiser avec tout ce qui est humain. Avec tout? J'en dis trop et ce sera là l'objet de la réserve que j'annonçais tout à l'heure. Du moins, M. Duhamel, occupé de ces grands blessés qui avaient laissé au seuil de l'hôpital les meilleures espérances de la vie, n'a-t-il été étranger de sentiment ni d'imagination à rien de ce qu'ils éprouvaient. Il a aimé leurs douleurs et leurs navrements; il a aimé aussi leurs petites joies, sachant que les petites joies peuvent remplir comme de grandes joies l'âme d'un malheureux infirme, rendu ingénu par la faiblesse qui le fait entièrement dépendant de la bonté d'autrui, qu'elles peuvent s'ouvrir sur sa prison de misère comme une lucarne qui laisse entrevoir un coin de ciel. Il a une narration tout à fait exquise. sur

un grand blessé désespéré, seul à l'étage
supérieur de l'ambulance, et qui, le jour de
Noël, est tout possédé par la tendre anxiété
de savoir si les gars d'en bas qui ont monté
l'arbre de Noël et la procession des rois
mages penseront à faire passer dans sa
chambre ces visions de paradis. D'autres
écrivains, se voyant dans l'asile de la souffrance, se seraient sentis comme liés à ne
représenter que les manifestations de la
souffrance ; ils ne se seraient pas permis une
couleur plus douce, une note consolante.
M. Duhamel, plus sensé et je dirai plus
humain, a plus de nuances et de liberté
dans l'observation. Très intéressé par les
hommes, il sait que l'humanité porte dans
toutes les conditions sa besace naturelle où
il y a de tout, de menues sources de gaieté
mêlées au malheur, comme des ferments de
tristesse et de dégoût au sein de n'importe
quelle prospérité.

A certains traits de ses peintures, il faut
le dire, je ne reconnais pas tout à fait nos
paysans et nos ouvriers de France. Parfois,
il prête à ses héros je ne sais quel accent d'enfantillage très doux et un peu hagard, .de

fatalisme mystique, qui ne me semble dans
le caractère d'aucun de nos pays, à moins
que ce ne soit peut-être des Bretons. Mais
on croirait plutôt des Russes. Il est possible
que M. Duhamel ait soigné des Russes. Il est
plus probable qu'une intime et longue fréquentation de Tolstoï, de Dostoïewsky, de
Gorki aura fini par imprégner d'un peu de
couleur russe sa vision morale de l'humanité
souffrante. Cette manière de sentir est d'ailleurs trop sincère chez lui pour que ce qui
s'en infiltre dans ses tableaux nous fasse l'impression du conventionnel. C'est tout au
plus si nous en sommes parfois un peu dé-
paysés.

J'en viens à ce qui dans ces tableaux,
parmi lesquels de vrais chefs-d'œuvre ne
manquent pas, me cause une certaine part
de malaise. Il est impossible qu'on écrive
sur la guerre et tout particulièrement sur les
calamités individuelles qui en ont été la
rançon, sans avoir une certaine philosophie
de la guerre, une certaine réponse, formulée
ou mentale, au fameux : « Pourquoi te
bats-tu? Pourquoi meurs-tu? » Si cette réponse n'est pas formulée, elle pourra res-

sortir en toute clarté du sentiment avec lequel on peint les choses. Il y a de malheureux esprits qui, sur la foi de certains charlatans, croient et professent que les peuples se sont battus comme des mercenaires, d'ailleurs impayés, au service de gros capitalistes qui se disputaient des mines, des industries, des débouchés, des commandes, bref de l'argent, et qui, l'hécatombe achevée, se réconcilieront et feront affaire par-dessus leurs dos innocents. C'est une idée stupide, mais c'est une idée. Moi, je crois, comme la plupart, que les Français se sont battus et ont dû se battre pour la conservation de la France. Cela posé, j'admets entièrement que nous ayons, nous Alliés, fait la guerre au service du Droit, de la Liberté, de la Justice et autres grandes idées qui ont une valeur inappréciable, à condition qu'on leur reconnaisse comme base d'application réelle l'existence, l'indépendance et l'intégrité de la patrie, mais qui, faute de cette positive condition préalable, ne sont qu'hypocrisie, leurre, fumée.

Quelle est l'idée de M. Duhamel?

Il est à remarquer que le nom de la patrie

ne paraît jamais dans ses longs récits des maux de la guerre, si ce n'est peut-être guillemeté, comme appartenant au vocabulaire des autres, ou bien accompagné de quelque vague insinuation critique. Ah ! si c'était par la juste pudeur que les grands mots (qu'il faut savoir d'ailleurs et oser employer aussi, quand, comme M. Duhamel, on en est digne) inspirent à un honnête homme, qu'il se fût abstenu d'écrire ce grand mot-là, je n'aurais qu'à l'en louer. Mais on peut observer cette pudeur et laisser voir ce qu'on pense. L'hésitation où M. Duhamel nous laisse sur sa pensée (voir ses *Entretiens dans le tumulte*) nous cause une gêne morale et met une borne à la sympathie d'esprit à laquelle il a, par ailleurs, tant de titres. En présence des affreux sacrifices qu'il nous replace sous les yeux, pense-t-il que le salut de la patrie les légitimait? Ou bien pense-t-il que la patrie est une malfaisante idole, un Moloch ivre de sang, dont la multitude humaine est la dupe et dont quelques sages contemplatifs sont seuls à avoir percé la méchanceté et la vanité?

Tandis que tous ses récits, cruels et pi-

toyables, nous jettent devant la question,
nous en inspirent l'angoisse, on le voit, lui,
l'auteur, troublé par la hantise simultanée
des deux thèses, et acceptant ce trouble,
sans le moindre effort pour en sortir. Il a
une façon de les approcher, puis de les
éluder l'une et l'autre, qui les insinue toutes
deux. Ce vague n'a certainement rien de
sain. On en a — que cette expression me soit
permise — le cœur un peu brouillé.

Supposons fabuleusement que le souvenir
de la grande guerre eût disparu de l'esprit
des hommes et qu'il ne restât d'autre témoi-
gnage des événements que les livres de
M. Duhamel. On verrait un épouvantable
massacre humain. Et quant à la nature et à
la qualité de la cause, on ne saurait absolument rien en penser, sinon que quelqu'un
ou quelque chose de très méchant a passé
par là. Parfois le plomb d'un enfant stupide
porte la mort dans un nid d'oiseaux. Si un
oiseau échappé à la catastrophe devenait
capable d'en raisonner en oiseau, il me
semble que les idées qui se balanceraient
dans sa cervelle ne seraient pas sans un
caractère de ressemblance avec le flottement

d'âme et de volonté qui tient lieu de philosophie de la guerre à ce beau peintre de tableaux de guerre. Peut-être les idées d'un petit moujik me fourniraient-elles un meilleur terme de comparaison. Cette indécision profonde sur la question essentielle du sujet qu'on prend la responsabilité de traiter, du moins quand il s'agit d'un sujet aussi peu spéculatif que celui-ci et qui engage tant de responsabilité, ne peut s'interpréter comme une preuve de virilité intellectuelle. Et ce que je crains fort, c'est que M. Duhamel ne me trouve bien grossier avec l'espèce de sommation implicite que je lui adresse ici, qu'il ne la juge au-dessous de sa délicatesse. Pour lui, à côté des soins de la souffrance individuelle, il n'y a qu'un objet de préoccupation noble : « la vie intérieure ». Hé ! elle nous est aussi chère qu'à lui, la vie intérieure. Mais quand nous regardons dans notre bibliothèque les centaines de beaux livres français où nous la nourrissons, nous nous sentons bien obligé de songer que ces livres ne seraient pas écrits dans la langue où ils sont écrits, qu'ils ne contiendraient pas le monde de pensées qui nous instruit, nous élève et nous charme, si la Gaule n'avait pas été conquise et administrée par César, s'il n'y avait pas eu les Romains, et les monarques et les tribuns et les capitaines et les fondateurs d'institutions et les fabricateurs de lois. Le regard trop pur de M. Duhamel n'aime pas s'abaisser sur ces indirects et rudes artisans de ses contemplations morales et poétiques. Il les voit comme les interrupteurs barbares et incompréhensibles d'une pastorale. La pastorale interrompue, tel est l'aspect sous lequel se présente dans ses dissertations l'histoire universelle.

Ces libres réflexions sur un jeune écrivain, qui n'est pas encore éloigné de ses débuts et qui a encore à nous dévoiler bien des plis et replis de sa pensée, trouvent leur occasion dans un livre de lui qui vient de paraître sous ce titre : *Confession de minuit*.

Il nous transporte bien loin de la guerre. Le héros de l'histoire use, jusqu'à l'excès le plus désolant, des loisirs de la paix. C'est un pauvre diable d'employé de bureau qui trouve moyen de se faire chasser de sa place pour un acte, le plus incompréhensiblement bizarre en apparence et dont l'invention, de la part de l'auteur, est, en réalité, assez profonde. Si je vous disais que, penché à côté de son patron auquel il présente des écritures, il ne résiste pas à l'attrait fascinateur de palper la tache rousse que ce patron a derrière l'oreille, vous jugeriez que M. Duhamel se moque du monde et qu'il s'est mis à travailler dans la manière d'Alphonse Allais. N'en jugez pas trop vite ! Ce début du récit est tout à fait remarquable et du moraliste pathologique le plus aigu. Dans cette sottise, M. Duhamel a fait tenir l'évocation de toutes les sottises que les plus normaux sentent dans les parties « subconscientes » d'eux-mêmes la tentation d'accomplir. Il a évoqué l'abîme d'absurdité que côtoie sans cesse le fragile esprit humain. Ayant perdu sa place, ce pauvre garçon sent tomber sur ses épaules le couvercle de la veulerie définitive. Il erre par les rues, sans direction, n'a pas de passe-temps plus actif que de compter les dalles du trottoir et de faire avec lui-même des paris mentaux sur le nombre des autos qui passent. Il fait de longues visites à quelques amis auxquels il n'a rien à dire et dont le plus notable, qui est né et mourra clerc d'avoué, s'appelle Lanoue, tout comme le héros de M. Duhamel s'appelle Salavin. Ce Salavin est d'ailleurs une sorte de poète, qui a des sensations très fines dans leur chétivité, qui s'analyse à l'infini, qui arrive à une science consommée de toutes les raisons qu'il a de ne pas faire une chose plutôt qu'une autre, qui vit dans une perpétuelle alternance de menues euphories et de dépressions sans tragique. Il joue de la flûte. Il vit aux crochets de sa mère, giletière de son métier. Il est toute la journée dehors, sans autre but que de lire, en pure perte, les offres d'emploi affichées aux portes des mairies. Il n'a aucune histoire de femme. Il est parfaitement inoffensif et doux. En voilà un dont les Prussiens, arrivant à Paris, ne dérangeraient pas l'existence. La pastorale de sa vie est à l'abri des interruptions.

Ce livre est écrit avec beaucoup de talent, surtout dans la première partie. Ou du moins, par la suite, le sujet arrive à lasser un peu. M. Duhamel s'est façonné là un héros à la mesure de sa compassion relevée d'humour et de son ironie pitoyable. Ne lui marchandons pas ce grand éloge que son Salavin a une signification générale et représente un aspect de la pauvre humanité. Mais si son prochain roman nous offrait un autre Salavin, nous nous sentirions touchés d'un commencement de doute sur la qualité de sa pitié. Nous nous demanderions si M. Duhamel, homme de tant de cœur, de dévouement et de courage en temps de guerre, n'est pas, en temps de paix, un petit Néron qui s'ignore et dont la Muse se nourrit de pauvres victimes.

# LA CHRONIQUE DU G. Q. G.

La critique littéraire a, elle aussi, et peut-être elle surtout, son mot à dire sur les deux volumes, déjà célèbres, que M. Jean de Pierrefeu a consacrés à l'histoire du grand quartier général (G. Q. G.) pendant les trois dernières années de la guerre. Et ce mot doit être avant tout de louange et de sympathie. La lecture de ce brillant ouvrage est extrêmement entraînante ; on en dévore avec délice les cinq cents pages. Chargé, comme chacun sait, de la rédaction quotidienne du communiqué officiel, besogne délicate qui demandait à la fois le tour de main du littérateur, le tact d'un excellent journaliste exercé à pressentir et à ménager les impressions du public, la souplesse d'une intelligence habile à s'assimiler, sans être

du métier, la définition des mesures et des
événements militaires, M. de Pierrefeu a
rempli ses fonctions avec le succès le plus
certain, puisqu'il les a quittées sur des com-
muniqués de victoire. Elles lui ont permis
de se rendre familier avec les gens et les
choses de l'état-major général, de parcourir
d'un regard fort éveillé les coins et recoins
de la grande usine intellectuelle où s'élabo-
rait au jour le jour la bataille. Il n'en a
évidemment pas appris les techniques savantes et spécialisées ; mais il en a observé
la marche et l'économie générales, il en a
regardé vivre et agir, dans les travaux du
bureau et dans la familiarité relative du repas
commun et des relations personnelles, les
ouvriers éminents, triés sur le volet de
l'École de guerre. Et il a porté dans ces observations beaucoup d'esprit, une grande finesse
d'imagination interprétative, les dispositions
d'un moraliste très bienveillant pour les individus, indépendant, quand il s'agit d'apprécier les principes, mœurs, travers, plis professionnels de ce noble milieu de soldats.
A l'égard des grandes questions synthétiques
que l'histoire pose et posera sur la façon

dont cette guerre a été menée, questions
que M. de Pierrefeu a mêlées assez largement aux annales pittoresques et piquantes
du G. Q. G., il a fait preuve d'une réflexion
assez étendue pour que ses jugements, s'ils
sont loin d'obtenir toujours notre aveu, se
recommandent du moins à notre méditation. Il est bon, je crois, qu'on l'ait lu,
quand on cherche pour soi-même la vérité
sur les ressorts du formidable drame que des
hommes ont joué, mais qu'ils n'ont pas
dirigé pour autant, et dans le développement duquel il est encore bien difficile de
délimiter la part respective de leur génie ou
de leurs erreurs et celle de la force invincible des choses. D'une grande liberté de
tour et de composition, ce livre va et vient
avec grâce du genre de l'histoire à celui des
mémoires et à celui de la chronique de cour
(car c'était une sorte de vie de cour, mais de
cour fort austère, que la vie d'état-major).
Écrit d'une plume rapide, agile, agréablement colorée, qui alterne les récits, les portraits, les tableaux, les anecdotes, les raisonnements, il est d'un excellent élève de Voltaire. Je ne sais pas de meilleur éloge, à

moins de dire qu'il est de Voltaire lui-même.
Je ne vais pas jusque-là.

Et puisque nous parlons littérature et
style, me sera-t-il permis de vider, au passage, avec M. de Pierrefeu une chétive et
innocente querelle? Il y a quelques années,
il publia, au sujet de certain roman de ma
façon, un communiqué plus que sévère qui
me vouait au désastre et où, à tort ou à
raison, il me reprochait de m'être servi de
clichés. C'est une sainte horreur que l'horreur des clichés, quoique, poussée trop loin,
elle puisse constituer elle-même une erreur
littéraire d'ordre assez puéril ; car il est
impossible d'écrire en bannissant absolument les expressions toutes faites. Mais je
constate avec plaisir que, si notre brillant
confrère incline à ce dernier excès, c'est
plutôt pour l'usage des autres que pour le
sien. Je lis, en effet, dans un de ses récits
les plus émouvants, que « la foudre tombant
aux pieds du général ne l'aurait pas ahuri
davantage », et encore que « le général, au
sortir de cet entretien, chancelait comme
un homme ivre ». Ces formules classiques
m'ont réjoui. Et Voltaire eût certainement

trouvé quelque chose de plus neuf. Mais
notre narrateur a bien fait de se contenter
de cela plutôt que de peiner sur sa forme
comme les écrivains de l'école de Flaubert.
Ce sont les accidents de la rapidité, qui
est en elle-même chose d'un si grand prix,
quand du moins elle est animée d'une intelligence aussi alerte que la sienne, que mieux
vaut n'en pas regarder les résultats à la
loupe.

La liberté de l'allure littéraire n'est pas
la seule que je goûte dans cet ouvrage. J'y
apprécie plus encore la liberté de la pensée.
Tempérée en ce qui concerne les personnes
par le plus délicat souci de justice et d'équité ;
en ce qui concerne les actes, par le tact du
patriotisme le plus pur, cette liberté dans
l'analyse et le jugement est du plus salutaire
exemple. Elle répond à ce besoin de vérité
sans convention et sans fard qui, à l'heure
présente, après les immenses périls que nous
avons traversés et d'où nous ne sommes pas
encore sortis, constitue l'une des plus vives
et des plus saines exigences de l'opinion
nationale et se concilie sans peine avec le
besoin de respect et de piété publique que

les Français éclairés n'éprouvent pas moins
impérieusement à l'égard des institutions et
des hommes qui ont sauvé la nation de la
mort. Ces deux notes, ces deux tendances
font très bon ménage dans l'esprit clair et
l'âme élégante de M. de Pierrefeu. Bien
loin qu'elles se nuisent réciproquement, on
peut dire que chacune des deux sert l'autre
et lui donne son prix. Il cherche le vrai dans
l'intérêt de son pays. C'est pourquoi, là
même où l'on croit qu'il se trompe ou, tout
au moins, s'aventure, on ne l'écoute pas avec
moins d'estime ni, si j'ose dire, dans un sentiment moins amical que quand il donne
la pleine impression du vrai.

Un des points sur lesquels il n'a pas réussi
à me contenter l'esprit, c'est ce qu'il appelle
« la tragique aventure de Nivelle ». Je n'admets pas cette formule qui a paru à M. de
Pierrefeu d'une exactitude suffisamment adéquate pour qu'il l'inscrivît, en sous-titre, sur
la couverture de son premier volume. Je le
lui dis en toute franchise : elle m'a paru
au-dessous du sujet, en ce sens qu'elle engage
un peu légèrement plusieurs idées dont la
justesse est bien loin d'être établie aux yeux

d'un auditeur impartial du débat. L'offensive d'avril 1917 a été, par son échec et par les mutineries que cet échec a eues pour conséquence, un événement tragique. Mais cet événement a-t-il eu le caractère d'une « aventure »? Et, si aventure il y a eu, a-t-elle été courue par la seule initiative du général Nivelle, de telle façon qu'elle ne soit que la sienne et non pas celle de plusieurs autres en même temps? Ce sont là deux questions très graves. M. de Pierrefeu sera le premier à comprendre que nous ne fassions pas grâce d'un *iota* dans les démonstrations par lesquelles on prétend les résoudre et, à plus forte raison, que nous n'acceptions pas des conclusions et jugements que des démonstrations rigoureuses sur ces deux points n'auront pas précédés.

M. de Pierrefeu me dira-t-il qu'il les a déjà fournies dans la forte brochure qu'il a publiée sur cette affaire et qui a sa place importante dans la littérature nombreuse dont l'offensive de 1917 a été l'objet? Je n'ai pas le sentiment de les y avoir trouvées. Mais je dois dire d'ailleurs que les défenseurs de la thèse contraire, les apologistes ardents

ou modérés du général Nivelle et de son
œuvre n'ont pas non plus déterminé chez
moi une conviction. Je suis donc à cet égard
dans l'état d'esprit du sceptique, mais du
sceptique qui voudrait cesser de l'être et qui
n'est pas sans quelque idée des conditions
de preuve auxquelles devraient satisfaire
ceux qui entreprennent de l'éclairer. On peut
n'être pas capable de résoudre un certain
problème et être capable de quelque juste
remarque sur la manière défectueuse dont
les docteurs compétents le posent, sur l'absence de telle ou telle donnée essentielle
parmi les facteurs auxquels ils le ramènent.
Or, sur la question de savoir si l'entreprise
d'avril 1917 était raisonnable en elle-même
et de nature à aboutir, en dépit de ses conditions d'exécution défectueuses, au cas qu'elle
eût été poursuivie avec assez de persévé-
rance et de liberté, sur cette première question, dis-je, les partisans de cette entreprise
tirent grand argument de l'état de faiblesse
relative où se trouvait alors l'ennemi et qui
l'eût réduit à la nécessité de céder sous une
pression plus longtemps et plus franchement
soutenue. C'est là-dessus que le général

Mangin s'appuie dans ses études, pour prononcer que la guerre eût pu être terminée
un an plus tôt. Et c'est un point capital sur
lequel M. de Pierrefeu aurait dû répondre
aux adversaires de son opinion. Pour nous,
c'est tout au moins un énorme point d'interrogation.

Quant à la question des responsabilités,
l'insuffisance d'étendue de son investigation
est plus manifeste encore. Il y a un fait
absolument acquis : c'est que le général
Nivelle, quelle qu'ait été la valeur ou quels
qu'aient été les vices de sa conception et de
sa direction, n'a agi qu'entouré et obsédé
des signes de la méfiance et de l'inquiétude
que ce qu'il voulait faire inspirait à son chef,
le ministre. Il n'a pas été homme à vaincre
cette inquiétude et cette méfiance, soit ! et
c'est sans doute à porter à son passif. Mais
le ministre n'a pas été homme à lui enlever
un commandement qu'il jugeait placé en
des mains peu sûres. Et c'est encore plus
grave et plus accusateur. S'il y a eu « tragique aventure de Nivelle », il n'y a pas
moins eu « tragique aventure de Painlevé ».
Et à qui nous fions-nous pour en juger

de la sorte? Au plus sûr témoin, à M. Painlevé lui-même. L'apologie qu'il a publiée sur la question est un réquisitoire redoutablement motivé contre le général Nivelle ; mais c'est un réquisitoire irrésistible contre M. Painlevé, qui se montre partout ou bien balancé et irrésolu entre des pensées contraires, ou bien inférieur aux difficultés d'agir selon ce qui était le fond de sa pensée.

Je trouve chez M. de Pierrefeu une observation importante dont il se servirait peut-être comme de réplique sur ce dernier point. Au début du printemps de 1917, dit-il, il y avait dans les milieux militaires, dans l'opinion publique un courant si fort et si enthousiaste en faveur d'une offensive très prochaine qu'il eût été impossible de ne le point suivre. Impossible? C'est beaucoup s'avancer. A la fin de mai 1918, il y a eu dans toute la France, à commencer par le Parlement, un courant bien plus fort sans nul doute de découragement et de dépression. Le sentiment le plus dangereux qui ait été éprouvé pendant tout le cours de la guerre commençait de s'insinuer dans l'esprit des Français les plus pa-

triotes et, on peut le dire, de tous les Alliés :
un doute terrible sur la valeur du commandement suprême établi au prix de tant de
peines et d'épreuves et qui était notre dernière espérance. Les plus confiants, les plus
croyants ont pu craindre alors le désarroi
de l'énergie nationale. Pourtant elle a été
relevée et le mauvais courant a été promptement dominé et vaincu. Pourquoi? Parce
que le maître de la guerre ne s'appelait plus
Painlevé, mais Clemenceau. Il y avait un
homme.

Si l'on établissait une sorte de consultation nationale pour savoir quelles sont les
trois individualités qui ont joué le plus grand
rôle dans la réalisation de la victoire, nul
doute que les trois noms de Joffre, Clemenceau et Foch obtinssent solidairement une
majorité immense. Je ne crois certes pas
que M. de Pierrefeu voulût s'inscrire contre
ce suffrage. Il nous demanderait seulement
d'y ajouter deux compléments nécessaires ;
et tout d'abord de faire sa juste part à une
personnalité abstraite et générale qui, tandis
que le commandement changeait de mains,
tandis que les événements succédaient aux

événements et les revers aux succès, ne cessait de poursuivre dans le mystère et le
silence sa formidable besogne de coopération ; cette personnalité sans nom et quasi
fabuleuse, c'est ce qu'il appelle « la machine
à gagner la guerre », comprenant par là la
fabrication de matériel et le travail continu
de l'état-major pour inventer et organiser
les tactiques et tous modes d'action nouveaux rendus nécessaires par les expériences
de la bataille. Dans l'appréciation des méca-
niciens, nous dit-il fort justement, n'oubliez
pas de compter l'état où ils ont trouvé la
machine. Le second complément que récla-
merait M. de Pierrefeu serait un quatrième
nom propre, un grand nom, celui de Pétain ;
et si on lui disait que quatre, c'est trop, qu'il
faut s'en tenir à la trinité, il se résignerait,
je crois, en ce qui le concerne, à écarter l'un
de ces trois grands favoris de la gloire, plutôt que de refuser sa part de la suprême
couronne à celui de nos grands hommes
de guerre qu'il a le plus admiré et le plus
aimé.

Le deuxième volume de M. de Pierrefeu
est tout rempli de la louange de Pétain. Le

chapitre qui a pour titre *l'Avènement de Pétain*, débute ainsi :

Me voici parvenu au point capital de mon récit. De l'arrivée du général Pétain date une ère nouvelle pour l'état-major. Ce sera l'honneur de ma vie d'avoir approché ce grand homme qui, par nos descendants, sera considéré comme l'organisateur de la victoire. Jusqu'alors il me semblait que les événements menaient les hommes. L'on vivait ce paradoxe d'une grande époque sans grandes figures. Seule, la foule anonyme des combattants se haussait aux dimensions de l'épopée. Certes, la France regorgeait d'hommes de talent, mais aucun n'était encore apparu capable d'embrasser d'un coup d'œil l'événement formidable, de le juger en face, de se mesurer avec lui. A tous il manquait ce je ne sais quoi de simple et de profond dans le regard, qui domine l'avenir, ce don de dégager les grandes lignes, cette sérénité de jugement qui, par delà l'apparence, s'établit dans la réalité.

Le maréchal Pétain s'est assuré des titres de gloire trop sûrs et trop manifestes pour avoir jamais eu des détracteurs. Mais, si tout le monde reconnaît qu'il a fait merveille à certains moments de la guerre, il y a eu, parmi les hommes les plus compétents, de fortes différences d'avis sur la valeur de ses conceptions et de ses méthodes par rapport à certaines des situations militaires où nous nous sommes trouvés, à certaines des exigences de la lutte. M. de Pierrefeu connaît ces critiques et il y répond. Je me garderai d'entrer dans une controverse qui dépasse mes connaissances et me contenterai de dire qu'elle est conduite de la façon la plus fine et la plus éloquente en sa discrétion. C'est un bien noble sentiment que celui qui pousse M. de Pierrefeu à briser la sourdine qui, dans le concert des gloires nationales, étouffe un peu la sonorité du nom de Pétain. Les plus belles pages de son livre sont, à mon gré, celles que ce sentiment lui inspire. On regretterait qu'il n'y eût pas eu auprès de Foch un témoin et un historiographe de qualité aussi distinguée, que les manifestations familières de son tour d'esprit auraient saisi et enlevé comme les propos de Pétain ont charmé M. de Pierrefeu.

Quelque opinion que l'on ait de tant de jugements importants contenus dans son livre, le détail, je le répète, le très abondant détail en est délicieux. Tous ces portraits d'officiers tracés d'une main malicieuse et amie, ces savoureuses anecdotes sur Joffre, cette psychologie sympathique et déliée du « breveté » d'état-major, ces mille tableaux légers de touche, élevés d'inspiration où, au milieu du jeu des ambitions et des intrigues, on voit se dresser la magnificence de la conscience professionnelle et grandir la merveille du travail commun qui étaya au jour le jour la patrie chancelante, tout cela forme un ensemble littéraire excellent et charmant, plein d'aisance et de brio, où il est impossible qu'on ne prenne pas le plus vif plaisir.

# LE POÈTE RUSTIQUE

Le nouveau livre de M. Francis Jammes, intitulé *le Poète Rustique*, traite, pour une bonne part, des mêmes matières et appartient à la même veine que *Ma fille Bernadette*, parue il y a quelques années, où l'on voyait, entre autres menues scènes de famille, l'enfant du poète avalant son huile de ricin avec des larmes ou bien se congestionnant le visage pour aider de tous ses efforts aux expulsions que la nature désire, mais qu'elle se refuse parfois à opérer de son gré, ce qui donne bien du souci aux parents. La différence de sujets entre les deux ouvrages tient aux années écoulées depuis l'époque où ces incidents historiques avaient lieu. Les enfants du poète ont grandi. Les manifestations de leur activité caractérisent un âge plus avancé de l'existence. Ils se chamaillent, déchirent leurs culottes, cassent tout, font un bruit infernal en chemin de fer. Songez qu'ils sont sept, ce dont nous sommes informé dans le passage suivant où l'on voit paraître Mlle Portapla, vieille fille malveillante.

Le poète revient de la chasse. Il est assez trapu. Sa face est d'un faune, dont la barbe emmêlée retient, au passage des haies, telle qu'une toile d'araignée, des brindilles de feuille et des pétales. Il est coiffé d'un béret, vêtu d'un costume marron, chaussé de souliers et de guêtres crottés. Le chien qui le précède est beau.

Mlle Portapla se dit, en jetant un regard par-dessus son épaule vers le poète qui se carre et qui siffle un braque :

— Et pendant ce temps-là, cette malheureuse porte son septième ! Si ce n'est pas une honte ! L'aînée a seulement onze ans ! Regardez son pacha de mari ! Son carnier est moins lourd à porter qu'un enfant. Il ne lui en coûte guère de faire partie de l'Association des familles nombreuses...

Le jugement de Mlle Portapla porte à faux ; car le poète travaille beaucoup et dépense beaucoup de talent pour faire vivre tout ce petit monde. Mais, d'autre part, quel homme subtil que Francis Jammes et comme cette subtilité rend difficile la critique de ses ouvrages ! En le voyant se peindre et se présenter ainsi au public avec cette complaisance, sous toutes les faces et coutures de son enveloppe mortelle, vous commencez à tailler votre plume et vous balancez dans votre esprit quelques justes sentences sur les abus d'un exhibitionnisme littéraire qui ne connaît plus de limites et qui va aujourd'hui jusqu'à faire les honneurs de la publicité à un béret, à des souliers, à un veston, à des guêtres et à une barbe, sous prétexte que c'est un poète qui en est revêtu et qui leur communique son cachet. Prenez garde ! l'astucieux poète vous a vu venir ; il vous a attiré au piège de ce lieu commun moral et il rit dans sa barbe mêlée de brindilles, du soin que vous prenez de le développer judicieusement.

Le chapitre XII du *Poète Rustique* contient ce qui suit et rien de plus :

— Qu'a dit le docteur ?

— Il a dit qu'il faut coucher l'enfant tout de suite.

— La diphtérie ?

— Oui.

— Ah ! mon Dieu...

— Tu vois bien que j'avais raison de m'inquiéter. Sébillot viendra tout à l'heure.

Et l'on passe, sans plus de frais, au chapitre XIII dont à peu près équivalente est la substance.

Heureusement, quelques vides que *le Poète Rustique* nous offre, la Muse n'en est pas absente. Je n'en trouve point le souffle, il est vrai, dans les inventions d'intention comique qui occupent une partie du volume ; dans Mlle Portapla (trop bien nommée), dans le poète Gringon ni dans leurs pitoyables amours. Et plutôt que de languir auprès de ces personnages pour comédie de collège, j'aime mieux relire *Existences*, ce chef-d'œuvre de drôlerie et de lyrisme que Jammes écrivit en sa plus verte saison. Mais combien il serait injuste de bousculer un ouvrage où se rencontrent des pages comme celles-ci :

La gorge où court le ruisseau de Balansun est dominée d'un côté par une colline tour à tour noire et rousse, de l'autre par une éminence désolée que parsèment quelques pins. Le fond en est spongieux. Aucun habitant de la petite ville, sinon le poète

Rustique, ne s'aventure dans ces parages dont le silence effraie un peu et n'est interrompu que par le bruit de grelot des sources, la quête du chien dans les taillis, le brusque frappement de l'air par une bécasse, la détonation du fusil. C'est d'un émoi bien particulier que d'être ainsi perdu dans ce désert qui jamais ne s'égaie, ne revêt jamais aucune couleur vive : son seul sourire est la rose de la pédiculaire, dont la feuille est comme un paquet de mousse.

Arpenter ces lieux sauvages, y descendre quelques oiseaux au long bec, y poursuivre ses pensées et ses souvenirs, y évoquer les hommes avec une netteté que la solitude renforce, tel est, de novembre à mars, le plus cher passe-temps du poète Rustique.

A travers la fougeraie, il monte vers ce plateau d'où la vue embrasse, ici la clarté de la montagne, et là le sombre horizon bleu des Landes.

Il s'arrête, mange un morceau, boit un filet de vin à sa gourde, soupèse avec joie le gibier qui est dans son carnier, et un sentiment de bonheur inexprimable l'envahit. Il se revoit tout petit, à quatre ans...

Je laisse tout exprès en l'air une citation que je n'ai pas la place de prolonger, pour bien avertir le lecteur qu'il lui manque de sentir le balancement du morceau entier et cette mesure parfaite qui le rend digne des anthologies.

Le passage suivant est d'une touche plus chaude et il offre un certain intérêt moral. Le poète nous confie le sentiment de paix que son âme a conquis grâce à l'âge, à la paternité nombreuse, à la foi religieuse retrouvée :

Que la vie semblait pourtant plus légère au poète, au sortir de l'adolescence, lorsque sans morale, donc sans encombre, il gravissait, un fusil sous le bras, les pentes solitaires de Saint-Boès ! Que les fleurs et les mousses étaient riantes ! Mais que d'amertume aussi, dans ce cœur !

La paix, c'est la paix qui est le terme ; la paix à laquelle est parvenu le poète Rustique, la paix que ne lui apportèrent ni les jeux de l'enfance, ni le sable du jardin parsemé de jasmins rouges, ni l'école aux magnifiques alphabets, ni les étrennes au premier de l'an, ni l'amour même de ses parents, ni l'ivresse de ce baiser à une jeune fille sous un cèdre, ni les nuits où le rossignol interpellait Lucie, ni la passion défaite quand les grelots des mules accompagnaient les baisers étouffés par la neige tombée durant la nuit. Cette paix est une joie que certains ne soupçonnent même pas, que d'autres entrevoient, que plusieurs reçoivent par instants, que les privilégiés goûtent avec plénitude. Elle pénètre jusqu'au cœur, le soulève comme la crue une rose de la rive.

J'aime ce « rossignol » et ce « cèdre » et « ces grelots de mules accompagnant les baisers étouffés ». Je les aime trop. C'est comme ces passages délicieux de musique qui font tant de plaisir à l'oreille qu'elle en reste un moment rêveuse et ne se prête qu'avec distraction à ce qui suit. Pour cette raison. la paix où le poète nous invite est peut-être moins persuasive que l'évocation de l'ancienne ivresse. Ces poètes convertis jugent avec sévérité leurs péchés d'antan ; et leurs plus graves regrets portent, comme il convient, sur ceux dont le souvenir est le plus flatteur ; mais ils ne peuvent se retenir de les peindre et de les circonstancier un peu au passage.

Je ne sais si le collaborateur de la *Revue des Jeunes*, M. Salomé, me répétera à ce propos que je manque d'un sens chrétien suffisant pour entendre la nouvelle poésie de Francis Jammes. Mais lui-même est-il sûr de la bien pénétrer? Il s'exprimait ainsi au sujet d'une petite étude d'ensemble que j'ai publiée ailleurs sur l'œuvre de Jammes :

M. Lasserre donne de justes raisons pour refuser à Jammes la qualité de poète bucolique (je disais d'ailleurs que l'auteur de *Jean de Noarrieu* est, dans un autre esprit que celui de la poésie bucolique, un délicieux poète de la campagne) ; mais il faudrait voir si Jammes, depuis sa conversion, n'est pas en voie de devenir un grand poète franciscain, ce qui ne laisserait pas d'être considérable.

Or, qu'est-ce que je lis dans *le Poète Rustique?*

Voici, cher maître. Il y a trois actes. Le premier, c'est la création du monde ; beaucoup d'animaux dans le décor, ce qui doit plaire à votre génie franciscain.

C'est par un littérateur ridicule que Francis Jammes se fait adresser ces paroles. Il se moque donc de ceux qui le trouvent franciscain. Il a bien raison ; car littérairement, c'est un peu usé. « Poète capucin » serait plus neuf et irait mieux avec la barbe.

Un détail qui, comme Orthésien, devait particulièrement m'arrêter dans *le Poète Rustique*, c'est d'apprendre que le poète, congédié

par un trop moderne propriétaire qui rêve
d'installer à la place de l'atelier de la poésie
quelque plus fructueuse fabrique, ne réussit
pas à trouver dans Orthès une maison assez
vaste pour sa progéniture nombreuse et pas
trop lourde pour son budget de cigale. Que
mes compatriotes me permettent de leur dire
mon sentiment ! Il faut qu'ils s'arrangent
pour conserver M. Rustique. Voici un homme
qui a inscrit dans des œuvres en vers et en
prose, dont certaines vivront, le nom de leur
chère ville obscure, des villages, des coteaux,
des ruisseaux d'alentour. Va-t-il devoir,
comme il nous le donne à craindre, quitter
cette ville, lui qui l'honore et y ajoute de
sa présence un vigoureux trait de pittoresque moral, faute de pouvoir s'y loger?
S'il y était réduit, les lyriques de l'avenir,
blessés de l'ingratitude des Orthésiens, com-
poseraient contre eux des vers vengeurs. Ce
serait ridicule. Il n'existe malheureusement
pas à Orthès un prince de qui M. Rustique
pût accepter l'exonération matérielle si
souhaitable pour les vrais poètes. Mais, de
façon ou d'autre, je suis convaincu que
cette mesquine difficulté locative s'apla-

nira et que M. Rustique ne sera pas arraché
dans les serres de « M. Vautour », à ce coin
de terre rude et merveilleuse où fleurissent
Saint-Boès, Sainte-Suzanne, Castétis, Balansun et auquel l'attachent tant de racines
poétiques qu'il y a plongées le long de sa vie
de rêves et de pérégrinations ardentes.

Et voici l'été ! Partons ! Partons pour
Orthès, pour les hauteurs de Balansun et de
Castétis d'où nous verrons, par delà les vallées où scintille le Gave, par delà l'amphi-
théâtre de verdure et d'or des coteaux béarnais, se dresser, lointaine et cependant toute
proche de nous, la masse divine de cristal
et de neige, les Pyrénées, couronnement céleste de notre patrie.

Mon cœur vous suit vers les vallées natales,
O doux bergers qui, les pieds dans l'espace,
Verrez, pensifs, l'escalade des vaches
Vers les rosiers des roses digitales.
Adieu ! adieu ! Allez dans les cabanes
Où la fumée ronge les poutres noires.
Adieu ! Je vous salue comme un poète.
Adieu, Martin ! Adieu, pauvre Bergère !
Oh ! Écoutez la foudre des sommets !
Je vous envie ! Je vous suis comme un frère,
Emplissez mes mains d'eau d'argent légère,
Je veux mourir, la brume sous mes pieds.

Ce sont là des vers de M. Rustique ou,

pour mieux dire, de Francis Jammes. Ils m'ont toujours trop fait battre le cœur pour que je ne reste pas sourd à tout ce qu'on peut me dire de leurs infractions aux lois de la métrique malherbienne.

*P.-S.* — Depuis que j'écrivais cet article, M. Rustique a fait un héritage. On peut en parler puisqu'il l'a publié, comme il avait publié ses difficultés de logement. Il s'est trouvé au pays basque une vieille rentière, maîtresse de disposer de son avoir, et qui a conçu de le léguer à un poète plutôt qu'à quelque insipide neveu ou cousin. Quelle jolie inspiration et rare! M. Rustique en fait honneur à saint Joseph. Saint Antoine ne va-t-il pas être un peu jaloux?... Mais saint Joseph lui-même n'est-il pas bien mal remercié! Voici M. Rustique qui publie des *Quatrains* où il se représente comme un pauvre âne pelé qui n'aurait reçu que des coups... Ces élégiaques!

# BOLCHEVISTE OU MORALISTE?

M. Jean Rostand est-il un bolcheviste de salon? Ou bien faut-il voir en lu  un jeune Alceste, irrité de l'égoïsme et de la bassesse du genre humain et qui leur dit courageusement leur fait? La lecture de son petit livre, *la Loi des riches*, me laisse perplexe à cet égard. Ce qui n'est pas douteux, c'est le talent du jeune écrivain.

M. Jean Rostand est le second fils d'Edmond Rostand. Il a déjà publié, sous le pseudonyme de Jean Sokiri, un premier volume, *le Retour des pauvres*, qui ne paraît pas avoir attiré l'attention publique. Sans doute a-t-il pensé que rester Sokiri, quand on s'appelle Rostand, serait une exagération d'ascétisme. Rien de plus naturel. Mais le fait que Jean Rostand ait été quelque temps Jean

Sokiri nous prévient en sa faveur. Cette
manière réservée d'entrer sur la scène des
lettres, alors qu'on avait tant de facilité pour
y faire de l'esbrouffe, est un indice de fierté.
Justement orgueilleux du nom paternel,
Jean Rostand ne veut, je pense, devoir son
nom qu'à lui-même.

Aussi bien, entre le poète du fameux et
charmant *Cyrano* et l'auteur de *la Loi des
riches*, ces traits de filiation intellectuelle ne
s'aperçoivent-ils guère. Le poète au lyrisme
juvénile, truculent, volontiers funambu-
lesque, cet éblouissant jongleur, épris à
l'excès des jeux capricieux de la diction, de
la métaphore et de la rime, appartient à
une tout autre famille d'esprits que ce moraliste amer, ce satirique à l'observation dure
et imagée, au style sobre, exact et froid. Je
voudrais pouvoir dire qu'ils s'égalent pour
la générosité de l'âme. Edmond Rostand,
inférieur, comme artiste, à sa gloire sans
mesure, mais supérieur comme homme à sa
destinée bruyante et trop affichée, était une
âme généreuse. Pour attribuer la même qualité aux inspirations de son fils, il faut une
interprétation favorable que je suis tout dis-

posé à adopter, mais qui ne s'impose pas.

Le sujet de son livre, c'est les rapports des Riches et des Pauvres (ces majuscules sont de lui, non de moi) dans la société, rapports observés au point de vue des riches et expliqués par l'un d'eux, « sans hypocrisie ». Mettons immédiatement l'auteur en présence de l'équivoque insidieuse qui plane en sa pensée, ou du moins, sur l'expression de sa pensée. Le personnage qu'il fait parler accepte comme une vérité première cette division de la société en deux catégories d'hommes : les riches et les pauvres ; et il bâtit tous ses raisonnements et ses conseils là-dessus. Est-ce que l'écrivain souscrit à cette opinion monstrueusement fausse? Est-ce qu'il prend la responsabilité de la recommander et de la répandre? Ou bien faut-il l'entendre comme une monstruosité d'esprit qu'il prête à son personnage lui-même, lequel justifie par là toutes les maximes de l'égoïsme de classe et de l'égoïsme individuel le plus intempéré? C'est dans la première hypothèse que j'appelle Jean Rostand un bolcheviste en gants blancs, détestable et lamentable espèce. Si la seconde est

la bonne, je le loue de verser son vitriol sur
les aberrations du jugement, sur les vilaines
déformations de la nature, que la richesse
engendre dans une âme qui n'est pas digne
de la posséder. Mais vraiment l'impression pénible d'ambiguïté, que *la Loi des riches* cause
à cet égard, n'est pas sans nous inquiéter
assez gravement sur le compte de son auteur.

L'opposition des riches et des pauvres
conçue comme le fait dominant de la société, comme l'aspect le plus général sous
lequel elle se présente quand on la considère au point de vue de la répartition des
biens, c'est la formule même de la révolution
sociale et du communisme. Si elle répondait
à quelque réalité, ce ne pourrait être qu'à
une réalité fort éphémère ; l'infime mino-
rité des privilégiés de la fortune sauterait
comme un bouchon sous la pression de l'immense armée des sans-avoir. En réalité, la
distribution des biens et le jeu des causes
qui la font sans cesse varier, sont quelque
chose d'infiniment plus complexe. Je crain-
drais de développer de honteuses banalités
en le montrant. Disons, pour simplifier (et
à l'extrême), que, s'il y a dans la société

un sommet : les riches ou richissimes ; un bas-fond : les « pauvres » (classe d'ailleurs prodigieusement difficile à définir d'une manière générale et à délimiter), il y a un immense espace intermédiaire occupé par tous ceux qui sont pauvres relativement et riches relativement, qui ne sont « ni riches ni pauvres ». C'est dans cet entre-deux que vit et travaille l'énorme majorité de la population française.

Pourtant, c'est avec cette idée, ou cette vision ou ce mythe d'un monde partagé entre une oligarchie d'exploiteurs dorés et repus, et une masse de malheureux exploités, que les entrepreneurs, volontaires ou involontaires, de subversion sociale, depuis Spartacus jusqu'à Rousseau et Karl Marx, ont excité la multitude et fait des révolutionnaires d'action. Pour que leur prédication réussît, il a fallu d'ailleurs qu'elle trouvât quelque appui dans des faits réels. Supposons une classe restreinte, possédant de très grands biens auxquels ont pu correspondre, mais ne correspondent plus les services rendus par elle à la collectivité. Supposons, d'autre part, une classe qui, dans des conditions de vie trop dure et d'excessive insécurité, ne trouve pas la juste récompense des services qu'elle rend. On a vu plus d'une fois dans l'histoire, des maux et abus de ce genre se corriger ou s'atténuer par une évolution pacifique et sous la pression de la nécessité des choses. Plus d'une fois on les a vus, grâce à des circonstances politiques troublées, produire la révolution. Dans ce cas, il a fallu que les mécontents se formassent de la situation dont ils pâtissaient une notion d'un simplisme brutal. Une vue vraie, donc complexe, de l'état des choses n'eût fait d'eux que des réformistes. Pour devenir des révolutionnaires, au sens le plus actif du mot, ils ont dû croire que tout se résumait en une citadelle à abattre : la richesse, le « capital », et que, cette opération accomplie, l'unique et suprême obstacle au règne de la justice égalitaire serait levé.

Il est aisé de concevoir, en dehors des honorables, mais dangereuses inspirations d'un idéalisme chimérique, les passions qui rendent l'esprit accessible à de telles fables. Ce peuvent être les ressentiments plus qu'excusables de trop réelles souffrances. Ce peuvent être l'envie, la cupidité, la vanité. Et ces dernières hantent moins le cœur des « pauvres » que de ceux-là qui, sans être pauvres, voudraient avoir plus qu'ils n'ont, être plus qu'ils ne sont et se liguent à cette fin avec les pauvres, leur fournissent des chefs, sauf à leur dire : « Bonsoir, messieurs ! » une fois la bataille gagnée au profit de ces chefs.

Mais ce qu'il faut remarquer aussi (et à cette remarque se rattache ce que je serais disposé à trouver de très sain dans la satire de M. Jean Rostand), c'est qu'il peut se développer chez les riches (et j'entends les plus gros riches) une passion qui leur ouvre la cervelle également à ce conte bleu, ou plutôt rouge, en les disposant à l'accepter comme un dogme. Cette passion, c'est la peur. La richesse qui a peur perd le sentiment de ses mille solidarités humaines ; elle arrive à se concevoir comme un îlot menacé de toutes parts au milieu de l'océan social. Elle s'enferme à double tour. Elle conçoit sa position au sein de la masse moins favorisée, exactement comme le mythe révolutionnaire la représente. Elle mériterait alors moralement d'être emportée dans la tempête qu'elle redoute. Je dis : moralement. Car l'indignité, la pusillanimité personnelle du riche n'excluent pas la fonction d'utilité sociale de sa fortune. C'est un autre point de vue.

Le riche de M. Jean Rostand a peur. Mais, en même temps, il est fort intelligent. Son intelligence, excitée par la peur, déploie une sorte de férocité universelle fort aiguisée. Pour lui, le « pauvre », c'est tout homme trop mal ou trop médiocrement nanti pour être à l'abri de tout soupçon de convoitise à l'égard des gros possédants. Il enveloppe à la fois sous ce nom les mendiants, les tapeurs professionnels, les domestiques, les ouvriers, les paysans (ce qui est tout de même un peu fort), les professeurs qui donnent des leçons à son fils, les artistes qui n'ont pas les grands succès d'argent, et les gens même de sa famille ou de son monde qui ne sont pas bien dans leurs affaires. Autant d'espèces de personnes dont le seul trait intéressant à ses yeux, c'est qu'elles sont susceptibles d'en vouloir à sa bourse. En dehors de cette particularité dangereuse, il ne veut pas les connaître.

C'est cette connaissance-là qui est essentielle en ce qui les concerne et il n'en faut pas sortir. Il expose à un jeune homme qu'il veut prémunir contre les tentations d'une fausse humanité, les résultats de son expérience; et le but de ses discours est de détruire dans l'esprit de son disciple toutes les vaines considérations de sentiment ou inspirations de « neurasthénie », capables de le faire mollir dans l'attitude de défense glaciale qui constitue le strict devoir de la richesse vis-à-vis de la non-richesse, quelle que soit la forme que celle-ci revête.

Il se livre donc à une sorte de déshabillage moral de toute l'humanité non riche et il montre combien le riche s'égare quand il éprouve pour elle un genre d'intérêt qui pourrait lui faire mettre la main à la poche. Dans cette démonstration, il fait merveille. Le livre de M. Jean Rostand est une satire à double détente, satire du riche qui parle, satire du « pauvre » par la bouche de ce riche. L'une et l'autre sont fortes et nous sommes ici bien loin de la philosophie des *Misérables* ou des *Mystères de Paris*. La conception candide qui identifiait « peuple » et « bonté », et dont je suppose bien que les utilisateurs littéraires n'étaient nullement dupes dans le privé et dans la pratique, ne séduit pas l'auteur de *la Loi des riches*. Des deux termes de son antithèse, il ne voit pas l'un en beau, l'autre en laid. Il les asperge tous deux des flots de son amertume corrosive.

C'est ce qui nous fait croire qu'il faut prendre son livre en bonne part, c'est-à-dire comme une satire de l'humanité en général. C'est là une œuvre à recommencer toujours et nous la voyons exécutée ici de main de maître. L'équivoque — très grave — consiste en ceci, qu'on se demande, après avoir lu M. Jean Rostand, s'il n'a pas voulu présenter toutes les bassesses qu'il flagelle, comme une conséquence de l'inégalité des biens. Dans ce cas, il faudrait dire que ses remarquables dons de moraliste se greffent sur un fond de pure déraison philosophique et politique.

# HENRI VAUGEOIS

Avril 1916.

J'apporte sur la tombe d'Henri Vaugeois quelques souvenirs d'un très vieil ami.

Nul n'a connu mieux que moi cette âme de feu dont l'incessante ardeur a consumé prématurément une vie fragile. Vaugeois était un être de désintéressement et de passion. Depuis son adolescence jusqu'à cette fin précoce de ses jours, je ne l'ai jamais vu vivre que pour les autres. Deux mots résument l'emploi de cette existence si rapide et que la prodigalité chevaleresque avec laquelle elle s'est dépensée nous fait apparaître plus rapide encore, deux mots : les amitiés, la patrie. Ses amis, sa patrie ont possédé tous les battements de son cœur, ont été l'objet exclusif des peines, des incroyables peines qu'il a prises jusqu'au moment tout récent

où la maladie l'a foudroyé. La négligence
de l'intérêt personnel était chez lui absolue.
Il aurait pu faire sienne la devise ironique
et vraie de ce poète qui disait qu'il n'avait
jamais pensé à son intérêt, mais toujours
à son plaisir. Le plaisir de Vaugeois était de
se dévouer, de se donner. Il était pétri de
noblesse et de tendresse jusqu'en ses dernières fibres.

Les vicissitudes de la vie publique avaient
déplacé le cercle de ses amitiés. Mais sûrement, parmi ceux qu'il avait aimés et dont
la politique le sépara, il n'en est pas un
qui ait conçu à son égard un sentiment
trouble. Les vivacités qu'il porta dans la
bataille ne lui ont pas fait perdre une affection, et je suis plus certain encore qu'elles
n'en ont pas éteint une seule en lui-même.
Que ces amis d'autrefois le sachent : Vaugeois, si passionné pour ses idées politiques,
pour la cause à laquelle il s'était donné, est
demeuré absolument étranger aux duretés
des partis envers les personnes. S'il a péché
par quelque excès, c'est par l'excès contraire.
Les qualités morales pour lesquelles il s'était
une fois attaché à un homme demeuraient

enveloppées d'une lumière que des opinions,
des actes publics qu'il réprouvait ne pouvaient obscurcir. Loin de les méconnaître, il
les embellissait et les animait ; il leur conser-
vait l'éclat et la vibration de sa propre jeunesse de cœur. Ce n'est pas qu'il ne fût très
clairvoyant. Il l'était, au contraire, au plus
rare degré. Il possédait la perspicacité de
moraliste la plus aiguë. Mais par une rencontre ou une contradiction de facultés, dont
on peut dire qu'elle était tout lui-même, il
y joignait un magnifique optimisme du sentiment. Il connaissait les hommes ; mais il
les aimait. Porté au point où le portait Vaugeois, pratiqué avec la ténacité et la subtilité qu'il y mettait, l'amour des hommes est
une sorte de génie, une forme de la création poétique.

Ces dernières années l'avaient ramené aux
croyances catholiques dont il avait été nourri.
Chez lui, je crois, nulle opposition entre ce retour de foi et le goût dominant que je l'ai tant
de fois entendu exprimer durant sa jeunesse
pour notre dix-huitième siècle. Ce qui le
séduisait dans cette époque française, ce
n'était ni le sarcasme irréligieux de Voltaire,

ni l'utopie de Rousseau, mais la douceur
aimable des mœurs et le généreux crédit
que l'homme faisait alors à la nature humaine.
Quand cette confiance est tempérée par un
fin bon sens (et le bon sens n'est pas ce qui
manquait à notre Vaugeois impétueux ; il
n'était pas Normand pour rien), elle ne se
trouve en contradiction avec aucune des
hautes idées que la religion ou la philosophie
nous proposent.

Dans le recueillement de mon chagrin,
ma pensée se fixe plus sur la personne et
le cœur de l'ami perdu que sur les entreprises publiques auxquelles il a voué successivement son zèle. De celles-ci, je perdrais
presque de vue maintenant les différences,
les oppositions, tant je suis frappé de la per-
sistante identité de l'homme avec lui-même,
de sa fidélité constante aux mêmes mobiles
d'action. Le Vaugeois de l'*Union pour l'action morale*, collaborateur de M. Paul Des-
jardins, n'était pas un autre Vaugeois que
celui de la *Patrie française* et de l'*Action
française*. En se rangeant du côté nationa-
liste, dans la grande crise de 1898, il ne
changeait à aucun degré de sentiments, il

réalisait, peut-on dire, ses sentiments, il cédait au même aiguillon d'amour. Seulement, il avait compris que si, aux époques où la France, fortement assise dans sa sécurité et son indépendance, répandait en liberté sur le monde le rayonnement de son doux et lumineux génie, les Français pouvaient s'accorder le noble luxe de penser et de sentir en « amis du genre humain », il n'en était pas de la sorte en un temps où l'influence de la récente défaite, aggravée par celle des guerres civiles, tenait suspendue sur notre pays une permanente menace de mort : en un pareil temps, le véritable et sincère amour de l'humanité, c'était, de la part d'un Français, l'amour de la France, l'inquiétude pour la patrie.

La période la plus mouvementée, la période héroïque de sa vie, fut celle où naquirent la *Ligue de la patrie française*, puis, peu après, l'*Action française*. Il eut, dans la fondation de la *Patrie française*, à côté de Gabriel Syveton et de Louis Dausset, sa part très personnelle. Il était, en ce temps, professeur dans un petit collège de la banlieue parisienne, c'est-à-dire dénué à peu près de tous les

points d'appui matériels et sociaux dont on
a besoin pour mettre en mouvement les
hommes et les choses. Il n'avait que sa fièvre
d'âme, l'enthousiasme du but à atteindre,
l'impatience des périls d'une cause dont il
ne voyait pas la défense organisée. Il ne
voulait pas connaître d'obstacles. Il courait
Paris en propagandiste, en organisateur,
flamme légère, mais intense, qui allume partout d'autres flammes.

Je parlais de lui avec un de ses vieux
camarades, qui est une des meilleures têtes
philosophiques de l'Université et qui l'a
beaucoup aimé, qui sentait son grand prix.
Nous l'évoquions dans la liberté de sa jeunesse un peu flâneuse, se grisant des idées
philosophiques et des jouissances de l'art.
Nous nous accordions à reconnaître que,
malgré tout ce qu'il a fait (et c'est le cas de
répéter avec le moraliste que « ce sont les
faits qui louent »), il y avait eu en lui quelque
chose d'inégal à lui-même. Il avait des jets
de pensée d'une lucidité, d'un perçant extraordinaire, de véritables éclairs fulgurants. Il
aurait fallu une organisation très puissante
pour mettre en œuvre ces intuitions où la

raison et la fantaisie se mêlaient. Et la nature
l'avait fait frêle. Je suis sûr qu'il n'en a
jamais conçu le regret, parce qu'il eût fallu
pour cela qu'il pensât à lui-même et qu'il n'y
pensait point. Instinctivement, il se dédom-
mageait de ce qu'il n'avait pas eu, pour
ainsi parler, les muscles de son génie, en se
passionnant pour les belles œuvres des autres.
Plus d'un écrivain, plus d'un artiste est à son
égard un débiteur qui s'ignore. Vaugeois était
un extraordinaire colporteur d'admiration.
Il avait toujours quelque « Baruch ». Et
« Baruch » est bien choisi. Car cet homme
d'action, ce combattant politique, ce fonda-
teur de ligues et de groupements civiques
était le plus charmant amateur, le plus
amusé contemplateur que j'aie connu, aussi
négligent et distrait que le grand patron de
cette race, Jean de La Fontaine. Une belle
journée de printemps, un carrefour de la
forêt, le profil d'un joli village, un papillon,
un air de Mozart, quatre beaux vers, la
silhouette d'une jeune fille entrevue, lui cau-
saient des ravissements infinis. En ce temps
ancien, la politique ne l'avait pas pris encore. Il est à son honneur qu'elle l'ait pris.

Comment les maux intérieurs de la patrie française, présage du cataclysme extérieur qu'il sut discerner avec certitude, n'auraient-ils pas saisi violemment une telle sensibilité? Mais on me pardonnera, moi, un vieil ami, de donner un soupir à ces années où les étincelles de son esprit et les jeux de son insouciance m'enchantaient.

# QUESTIONS GERMANIQUES

# L'ESPRIT GERMANIQUE

Juillet 1901 (1).

Tous les lecteurs de *l'Appel au soldat* ont été frappés de la lettre où le jeune historien Rœmerspacher, terminant un séjour d'études en Allemagne, raconte à son ami Sturel son angoisse intellectuelle. Entré aux Universités d'outre-Rhin, dans ces laboratoires fameux d'érudition et de science historique, avec l'ouverture de pensée, avec la bonne volonté de comprendre et de s'accroître qu'il faut apporter à toute initiation, ce vigoureux et positif adolescent se sent

---

(1) Je me permets de renvoyer le lecteur à ce qui est dit de cet essai dans la préface du présent volume. J'ai eu à me demander, avant de le reproduire, après vingt-deux ans, si ce qu'il contient d'idées et l'intérêt historique de l'impulsion qu'il contribua peut-être un peu à donner compensaient ce qu'on peut assurément y trouver de « jeune » quant au fond et à la manière d'écrire.

assez désorienté. Il a gagné en information.
Mais sa philosophie ne s'y est-elle pas gâtée?
L'Allemagne lui a donné des outils de travail dont il se déclare reconnaissant ; et il
est très bon, du moins à l'âge qu'il a, que le
respect dû aux vertus patientes et labo-
rieuses d'un philologue de Tubingen ne se
mélange d'aucune ironie. Mais il convient
aussi de rester de son pays et de sa culture.
Rœmerspacher craint que sa tournure d'esprit ne se soit germanisée. Il en souffrirait
comme d'une diminution. Ce souci témoigne
d'un jugement très libre et très équilibré,
d'un naturel non affaibli par le savoir. Universitaire, professeur, assez fidèle image peut-
être de M. Taine à vingt-cinq ans, Rœmerspacher n'a rien d'un cuistre. Un perfection-
nement de ses aptitudes techniques ne l'empêcherait pas d'être humilié du désarroi jeté
dans son caractère, sa moralité, son goût
natifs par des façons de sentir et d'estimer
étrangères.

Naturaliste d'instinct et de réflexion, il
conçoit très fortement que la vie morale a,
comme la vie organique, sa sève, et que la
mentalité d'un être humain ne saurait se

détacher profondément de la race, ou de la tradition d'où il est issu, sans y perdre une fraîcheur que nulle idéologie ne remplacera. Cependant il avoue son trouble. Un peu courbé sous le poids des conceptions démesurées de la Germanie, il voudrait se redresser dans le sentiment de quelques vérités françaises essentielles, seules capables de lui dicter une attitude de vie décidée. Noble exemple de défense de soi-même et de fierté intelligente !

Le cas de Rœmerspacher n'est pas individuel. Et c'est ce qui le rend pathétique. Depuis trente ans, notre jeunesse studieuse est de plus en plus attirée par les Universités allemandes et bientôt il n'y aura plus chez nous un lettré qui ne lise assez bien l'allemand. Pour des raisons dont le canon de Sedan ne fut pas (n'en déplaise à nos idéalistes) la moins déterminante, la plupart des intelligences françaises se sont faites très sérieusement hospitalières à tout ce qui porte étiquette germanique. Nul doute qu'on nous taxât tout de suite de l'étroitesse impénitente, de la gauloiserie frivole et satisfaite de feu Sarcey, si nous osions dire qu'il y a là un danger pour l'esprit national. Aussi ne le dirons-nous pas. Mais encore le besoin d'étendre notre horizon de pensée, d'enrichir, par une communication de plus en plus abondante avec toutes les parties de l'humanité civilisée, notre idée de la nature humaine, ne saurait-il, pour légitime qu'il soit, détruire la primordiale nécessité de rester nous-mêmes et d'attacher toujours le prix le plus haut à la culture et à la manifestation de ce que nous pouvons avoir, de notre côté, de distinctif. Les Grecs ne furent pas si bornés que de ne pas comprendre l'Asie ; mais ils fuirent avec le soin le plus jaloux la profusion asiatique dans leur éloquence et leur architecture, la langueur asiatique dans leurs danses et dans leurs costumes. Ils s'empressèrent à recevoir de la Perse et de Tyr de merveilleux procédés pour tisser et pour teindre, de l'Égypte des théorèmes de mécanique et de géométrie. Mais, jusqu'à la décadence, il est une province qu'ils surent tenir fermée aux infiltrations étrangères : leur goût, l'estimation grecque des valeurs esthétiques et morales, la véritable marque de leur aristocratie. Si nous ne trouvons pas ridicule que, même

défigurés par le régime démocratique, on
dénomme encore les Français les Athéniens
de l'Europe, certes nous ne laisserions pas
dire que les Germains en soient les barbares.
Toujours est-il que le fond d'idées et de sentiments déposés dans une tête allemande
par un siècle et demi bientôt de théologie,
de philosophie et de littérature nationales,
ne saurait être versé intégralement dans une
tête française, sans y bouleverser de bien
précieuses ordonnances, sans y noyer et y
amollir les organes les plus fins. Recommander, sans restriction, à nos jeunes étu-
diants en histoire et en philosophie je ne sais
quelle ingestion appliquée et gloutonne des
idéologies germaniques, comme si le véritable
accroissement intellectuel consistait dans la
multiplication des notions et des points de
vue, ce serait le fait de pédagogues béats.
Entre ce servilisme et le dédain fermé, mais
volontaire peut-être et admirablement im-
pertinent, d'un Voltaire pour tout ce qui ne
parle pas français... ou anglais, se trouve
l'attitude juste et libérale, j'entends digne
d'un homme libre : accueillir les cultures
étrangères, mais non sans les juger, ou plutôt

pour les juger, et comme bon objet à aviver
en nous la conscience, c'est-à-dire la certitude de notre goût propre ; leur faire dans
nos préoccupations la place que commande
ou qu'accorde l'intérêt, non de notre plus
gros, mais de notre plus fier développement.

*
* *

Parmi les maîtres français du dix-neuvième
siècle, nul qui se soit senti et proclamé
aussi redevable à l'Allemagne qu'Ernest
Renan. Sur un tel esprit, dont, il est vrai, les
parties les plus précieuses ne se révélèrent
que dans la pleine maturité, après une
première période dévorante et confuse
d'études et d'assimilation, l'Allemagne ne put
agir que par ce qu'elle avait d'enthousias-
mant. Aussi, de tous les témoins de son
influence, Renan est-il celui qui doit la
présenter sous le plus favorable jour. Un
jeune historien et philosophe français de
grand talent et de grand avenir, se plongeant
dans le panthéisme de Hegel et de Fichte,
ce n'était pas, en 1848, un spectacle tout à
fait nouveau. Mais les prédécesseurs de

Renan dans cette initiation, Cousin, Quinet, quoique fameux, ne comptent plus, parce qu'ils n'y apportèrent pas, âmes trop communes, ce tressaillement d'imagination qui fait la poésie de nos expériences (1). La découverte de l'Allemagne intellectuelle fut pour Renan une ivresse qu'il n'a pas commémorée sans créer dans l'élite des consciences françaises une nouvelle nostalgie.

Que lui révélait donc cette maîtresse, de si exaltant? L'exégèse, a-t-il dit, Gesenius, Ewald, Bopp, la philologie sémitique et comparée. Sans doute. Mais que valent pour un Renan les recueils d'inscriptions et tous les répertoires, sans le génie d'en tirer des rêves? C'est ce génie, c'est l'instinct de l'évocation historique, le don de se perdre dans les croyances religieuses, dans les émotions poétiques d'une autre humanité, c'est le secret de se faire tour à tour Hindou, Hellène, Juif, Chrétien, de mêler son âme à toutes les aventures de la superstition, de la rêverie et de l'espérance humaines, c'est l'ensemble de facultés naturelles et de labo-

_______________

(1) **Trop sévère pour Cousin.**

rieuses méthodes permettant cette ubiquité
morale à des hommes du dix-neuvième siècle,
que Renan, au sortir de la prison catholique, célébrait comme le titre de gloire et
le souverain bienfait intellectuel de l'Allemagne moderne. Il est vrai : nous devons à
l'Allemagne le sens historique, sinon tout
entier, du moins dans les plus émouvantes
de ses applications. J'incline, en effet, à
penser que la compréhension et le jugement
des institutions politiques seront toujours
plus forts dans un esprit d'éducation gallo-
romaine. Mais les Germains se sont montrés
nos maîtres dans la pénétration des états
subjectifs, dans la psychologie des races et
des peuples. C'est là leur conquête. Cependant l'adolescent breton qui sortit de Saint-
Sulpice, un soir de décembre 1848, enfiévré
de connaître, était-il des Herder, des Schleier-
macher, des Christian Baur, un disciple aussi
fidèle qu'il le croyait? Pour tous ces grands
exégètes et philologues hégéliens, reconstruc-
teurs des religions et des philosophies, la
recherche historique est dominée par une
pensée religieuse. Ils voient dans l'histoire
bien plus qu'un immense objet de curiosité :

Dieu lui-même, « la révélation progressive de Dieu par la conscience de toutes les parties de l'humanité ». En même temps que des savants, ce sont des pasteurs et des professeurs d'Université. Quelque chose, pour eux, reste hors de doute : la valeur absolue de la morale, le sérieux métaphysique de l'Univers et de leur propre labeur. Avec toute leur liberté d'examen, ils ne soupçonnent pas le libertinage intellectuel d'un Sainte-Beuve, d'un Flaubert, ces futurs et scandaleux amis du séminariste qui aimait se dire éclairé par eux. Et sans doute Renan ne fut pas, surtout au début de sa carrière, étranger à cette espèce de religiosité générale. Mais combien elle est chez lui plus légère ! Combien la finesse et la politesse catholiques l'atténuent déjà ! Bientôt elle s'éclipsera ou pâlira aux lumières d une pensée devenue toute artiste, d'une intellectualité pure. Du sens historique que les Allemands développèrent en lui, Renan laissera tomber le pesant accompagnement théologique et moral et ne gardera qu'un organe affiné de voluptés pour le poète et le psychologue. Épicuréisme blâmable, dira-t-on.

Peut-être! mais moins dangereux pour la culture humaine (dont il est, je le crois d'ailleurs, un abus) que cette monstrueuse vénération d'un dieu polype, d'un dieu amorphe, sacrant toutes choses, également inspirateur des lamentations de Jérémie et du Parthénon.

Ainsi Renan allégeait et éclaircissait singulièrement la leçon de ses maîtres. Il empruntait les qualités germaniques pour les faire servir à des fins qui ne l'étaient guère, fins dont Gœthe seul, parmi ses compatriotes, eût compris la hauteur, mais dont un lourdaud se scandalisera. Cette filtration était-elle donc nécessaire pour permettre aux Français de goûter l'Allemagne? N'y aurait-il pas dans l'Allemagne toute crue quelque chose d'intolérable pour un goût supérieur?

*<br>* *

L'esprit historique est chez l'Allemand cultivé du dix-neuvième siècle, au moins jusque vers 1870, bien plus qu'un don particulier. Il constitue une forme d'esprit. Il borne toute sa façon de comprendre. Il lui a imposé

une conception de l'univers qui a cette conséquence significative de prêter aux vertus
de l'historien la plus transcendante portée,
d'élever le flair de l'archéologue au rang des
plus hautes intuitions poétiques ou théolo-
giques. C'est l'hégélianisme, la fameuse « philosophie du devenir », jargon trop connu. Il
résulte des principes de Hegel que toutes les
civilisations, toutes les religions, toutes les
inventions esthétiques et morales de l'homme
ne forment que les phases d'un développement unique et nécessaire dans l'inépuisable
totalité duquel Dieu s'exprime. Il y a
dès lors, dans toute appréciation de goût,
dans toute préférence accordée à une race,
à une forme d'esprit sur une autre, quelque
chose de superficiel et d'arbitraire. Une compréhension des choses strictement historique,
absolument dénuée de sensibilité élective,
voilà l'usage le plus profond et la satisfaction la plus parfaite de l'intelligence. Voltaire est donc un grand sot, qui disait dédai-
gneusement qu'il n'y a que trois ou quatre
siècles qui comptent au regard de la raison.
On peut arguer, il est vrai, que nous interver-
tissons ici l'effet et la cause. Si une tête de

savant allemand trouve dans l'établissement
des genèses historiques une félicité adéquate
à ses aspirations, n'est-ce pas qu'elle est
imbue d'une philosophie qui divinise l'histoire? Mais quel psychologue ne sourira de
cette objection naïve? Quoi qu'il en soit de
la valeur à reconnaître aux systèmes de
métaphysique en général comme expression
de la raison humaine, je ne crois pas possible
d'imputer la philosophie du devenir à un
effort, même malheureux, de la faculté rai-
sonnante. Son nom seul ne nous le défend-il
pas, où se peint je ne sais quel rêve cosmique
illimité, brouillé, suggestion d'une imagination dont s'y manifeste trop l'idiosyncrasie?
Ainsi quand Hegel, tristement impie envers
les d'eux de la Grèce et la beauté de Versailles, ose proclamer l'unité organique, l'identité substantielle de toutes les périodes et de
tous les monuments de l'histoire, quand il
les noie tous dans la même teinte rudimen-
taire et confuse, c'est bien une vision germanique qu'il projette sur l'ensemble du
passé humain. Voilà pourquoi l'acceptation
de sa doctrine fut quasi-universelle dans
l'Allemagne du dix-neuvième siècle. Il ne

faut pas perdre sur le jargon hégélien une minute de temps. Mais la vision hégélienne nous offre au contraire un intérêt profond, en tant qu'elle supprime du cours des âges tout spectacle de perfection et d'achèvement. L'histoire entière y devient un fleuve sombre et languissant d'où n'émergent pas des îles heureuses, dorées de soleil. La lumière par où tranchent et nous éblouissent Athènes, Rome, Versailles, les siècles de Périclès, d'Auguste, de Léon X et de Louis XIV, n'arrive donc que bien faiblement jusqu'à des yeux germaniques. Ne serait-ce pas qu'ils la voient de beaucoup trop loin de sa source? Nivellement et démocratisation de l'histoire, la philosophie hégélienne ne fût jamais née chez un peuple qui aurait fourni un modèle à la civilisation et aurait eu nette conscience de ce qui distingue d'avec le barbare.

Ce qui entretient, chez la plupart des personnes cultivées, la vénération de l'esprit germanique, c'est un préjugé profond, difficile à combattre, en faveur de l'universalité du savoir. Avec leur conscience documentaire, leur « objectivité » et cette façon de prendre également au sérieux tout ce qui exista, il n'est pas douteux que les Allemands aient enrichi de vastes étendues, auparavant perdues dans la nuit, le champ des connaissances morales. Or cette conviction règne presque universellement aujourd'hui, que, lorsque sera connu le tout de tout, c'est-à-dire (restriction mélancolique, mais indispensable) le tout de toutes les sciences, la portée intellectuelle de l'homme aura atteint ses dernières limites. Pour nous, il n'est pas sûr qu'à cette échéance, d'ailleurs chimérique, ne correspondît point une période d'extrême médiocrité. Mais ce n'est pas l'occasion de nous engager en un tel propos. Inclinons-nous donc devant le dogme encyclopédique et que la masse de représentations, de points de vue, d'informations, de généralités, de synthèses, jetées dans les intelligences modernes par les immenses conquêtes du « sens historique » allemand, nous soit une cause, non de le suspecter, mais de le respecter.

Un seul argument nous reste : c'est de chercher si, sous cette surabondance de notions de toute espèce et de toute source dont s'étaient passées de magnifiques époques, d'autres notions anciennes et immuablement précieuses ne risquent pas de mourir étouffées. Le « sens historique » qui traîne, à comprendre tant de choses, ne se paye-t-il pas au prix de certaines incompréhensions?

L'hypertrophie de cette faculté ne cache-t-elle point l'anémie ou même la nullité d'autres parties, des parties nobles, de l esprit?

D'après Hegel, le principe ou le postulat de toute reconstitution historique imitant la vie, c'est que les façons de voir et de sentir, distinctives d'une race ou d'une époque, forment comme un tout organique dont le germe générateur réside dans un état d'esprit et de sentiment particulier. Il s'agit de s'approprier cet état psychologique, et, pour cela, de se départir aussi complètement que possible de ses propres habitudes de pensée. Un physiologiste, plus soucieux du bon équilibre de la vie que des jeux de l'imagination, discernerait peut-être dans une excessive facilité à cet exercice un symptôme assez équivoque. Qu'indique-t-elle? Extrême étendue d'esprit ou défaut d'un caractère déterminé? Quoi qu'il en soit, il ne faut pas s'étonner

qu'un Voltaire, incapable de faire abstraction du rapport logique entre les idées et des
données élémentaires de la physique, reste
absolument fermé au bouddhisme, qui dé-
finit l'être une illusion, aux mystères de la
Trinité hindoue ou alexandrine, du « Verbe
fait chair », du « royaume de Dieu » et de la
« prédestination des élus ». Superstitions
sinistres et utiles, inventées par les rois et
par les prêtres pour maintenir la canaille
sous le joug, ou, en Grèce, contes agréables
imaginés par les poètes pour amuser les
grands, c'est aussi misérablement, nous disent
les pontifes du « sens historique », que cet
enfant de Paris s'expliquait l'origine des
plus intenses, des plus passionnées rêveries
de la conscience religieuse. Incapacité commune à tous les Français, ajoutent-ils. De
sublimes conceptions de la nature et de la
dest née humaine qui se désagrègent à la
lumière superficielle du raisonnement clair et
de l'analyse, ont dans les profondeurs de
l'inconscient, leur racine et leur unité. C'est
de là qu'il faut les embrasser. Il faut rou-
vrir en soi cette source secrète, sympathiser
avec la vie.

Certes Voltaire est « étroit », je le veux bien, Voltaire manque d' « objectivité ». Seulement l'honnête, l'admirable objectivité allemande ne tombe-t-elle pas, elle aussi, dans un excès? En nous demandant de nous détacher si complètement de nous-même, de supposer l'inconscient, de nous abandonner, avec toute la vigueur de notre sentiment et tout l'élan de notre imagination, à l'inspiration génératrice d'une religion ou d'un système métaphysique, elle nous ôte d'avance toute possibilité de critique, elle nous interdit toute méfiance à l'égard de cette inspiration même! Elle en préjuge l'entière sincérité! Préjugé respectable! Sans doute, il était beaucoup trop simple de ne voir dans l'invention des dieux et des au delà qu'une ruse politique ou sacerdotale. Mais entre ces sortes de menteries trop franches, trop cousues de fil blanc pour avoir pu capter un assentiment sérieux, et cette sincérité pure, absolue, quasi impersonnelle, aussi exempte d'arrière-pensée que le vent qui souffle, la plante qui pousse ou la brute qui se reproduit, n'y a-t-il vraiment rien? N'y a-t-il pas dans l'âme humaine des états de mensonge

sincère et de sincérité menteuse? notamment
quand c'est soi-même qu'on a tout d'abord
besoin de persuader? Socrate parlait de son
« démon » avec une éloquence et des regards
où l'on sent bien qu'il ne rit pas sous cape.
Mais fut-ce vraiment une force intérieure
irrésistible qui imposa à cet homme avisé
l'idée et le nom de ce génie qu'il disait l'habiter? Hélas! il suffit d'observer comment
nous adoptons très « sincèrement » nous-
mêmes l'idéal qui nous relève le plus à nos
propres yeux, avec quelle aisance nous for-
geons des vérités générales et des entités
justificatives de nos sentiments, pour se
rendre assez sceptique sur le caractère de
« désintéressement » et de « spontanéité
inconsciente » des croyances humaines. Quoi!
il en eût été autrement au temps de Moïse
et du Bouddha qu'aujourd'hui! Sur mille
autres points, oui; sur celui-là, non. Plus
encore que les individus, les collectivités ont
besoin d'imaginations qui leur donnent un
grand sentiment d'elles-mêmes. Et leurs prophètes sont ceux qui leur fournissent ces
imaginations. Sous cette réserve importante,
il reste acquis que la théorie allemande de

l'inconscient constitue, par rapport à la critique trop rationaliste de notre dix-huitième siècle, un progrès décisif. Elle se ressent encore d'une certaine candeur, d'une certaine opacité en fait de psychologie. Mais elle nous fait faire un grand pas dans la pénombre de l'âme, dans cette zone obscure où s'entremêlent l'instinct et la pensée. Grossièrement sans doute, et naïvement, elle l'éclaire. Comme vérité approchée, admettons donc le mythe germanique de l'inconscient.

Avec cette clef les Allemands ont ouvert bien des portes. Mais le malheur, c'est qu'elle ne les ouvre pas toutes et qu'ils n'en ont pas d'autre.

*<br>* *

S'il est pourtant vrai que barbarie et civilisation s'opposent, qu'il y ait entre un état de pensée civilisé et un état de pensée barbare la différence même qui existe entre inconscience et réflexion, instinct et raison, aveuglement et clairvoyance, impulsion et volonté, il faudrait au moins deux méthodes de pénétration historique. Les époques et les races, ou, plus exactement, les diverses représentations de l'ordre du monde engendrées par le cerveau de l'homme se diviseraient en deux groupes, dont l'étude devrait être abordée dans deux sentiments bien distincts. D'une part, toutes les visions hallucinatoires, chaotiques, monstrueuses, projections « spontanées » des terreurs, des appétits, des folles espérances de la bête humaine, expression de sa stupéfaction devant la vie et la nature et du désordre même que met en elle un commencement de raison. D'autre part, les conceptions calmes, ordonnées, mesurées, utiles, harmonieuses et belles, qu'organise lentement, sous des cieux favorisés, l'élite de l'espèce, parvenue à plus de possession de soi-même, au discernement possible, à la conscience.

Tous les dieux sont illusoires et je veux bien qu'ils soient nés tous de la peur que nous fait quelque objet démesuré (1). Quel abîme

______

(1) Cette phrase et le paragraphe qui suit me causent quelque gêne d'esprit. Si je ne les supprime ou modifie pas, c'est que j'ai pour règle que, lorsqu'on publie un ancien écrit, il n'y faut rien changer. Mais c'est aussi que l'observation générale de psychologie développée dans cette page me paraît garder sa valeur. Il en faudrait seulement faire d'autres applications. Aujourd'hui, je reconnais la

pourtant entre le Jéhovah juif, l'Allah musulman, situés là-bas, au fond de l'infini, chargés d'insondables desseins, auxquels il est impie et périlleux de penser seulement, et la Junon, la Minerve grecques, terribles, menaçantes sans doute, mais délicieuses aussi, et de qui l'homme pèse familièrement les humeurs ! Les linguistes rattachent, si je ne me trompe, les deux noms de Zeus et de Jéhovah à une même racine. Il est possible que, dans les premiers âges, le même monstre divin se soit imposé à l'imagination de nos ancêtres, encore serrés autour de la commune souche. Mais, quand les migrations eurent déterminé des races diverses, il advint que les unes lui conservèrent sa formidable unité, tandis que d'autres, enhardies à l'approcher, à le toucher, par la lumière modérée d'un ciel sous lequel il n'était ni trop éblouissant, ni trop obscur, par un sang plus vif et plus léger aussi, osèrent morceler le bloc de la stupeur primitive et tailler dans ses frag-

grandeur de la théologie juive. En se fondant, non avec la mythologie, mais avec la métaphysique grecque, elle a donné le théisme chrétien qui plane sur toute la philosophie moderne.

ments des figures, non plus monstrueusement, mais noblement divines. Des dieux
spécialisés, expliqués, sont déjà presque des
idées pures. Aussi pour les Grecs, le passage
de la religion à la philosophie et à la science
fut-il continu. Platon, dans ses dialogues,
glisse de l'expression mythique à l'expression logique et scientifique des choses par
une transition insensible. C'est ce qui fait
de la religion grecque le type immortel d'une
religion vraiment sociale, éclairée. Ses figures
et ses formules, si arrêtées pourtant, com-
portent une variété cachée d'interprétations
qui permet aux habiles de la professer d'accord avec les plus simples. Le monothéisme
sémitique, s'il n'est pas exagéré de dire qu'il
disqualifie ses sectateurs naturels pour celles
des œuvres fines de l'intelligence qui exigent
des dispositions d'âme libres et heureuses :
pour l'art et la création de la beauté, n'a pas
empêché les Arabes en Espagne, les Juifs en
Europe, de s'approprier les techniques de la
science. Mais, tout comme il élève ou plonge
Dieu dans un inscrutable abîme, à une dis-
tance infinie du système solaire, ainsi, dans
l'intérieur de l'homme, fait-il de la conscience

religieuse et morale un monde ténébreux, complètement fermé aux clartés de l'intelligence, repaire de fantômes, de larves et de rêveries misérables, asile en effet de la spontanéité pure, de l'impulsivité. Non ! Le polythéisme grec, si parlant, si merveilleux par cette proportion de gravité et de malice, et les religions orientales, lourdes de terreur et de langueur, ne sont pas nées, si Inconscient il y a, du même Inconscient. Leurs genèses psychologiques ne sont pas seulement différentes, mais contraires. De la seule humanité blanche l'histoire morale a au moins deux couleurs bien tranchées. Et les Allemands n'en voient qu'une : celle que projette une lanterne sourde.

Mais la superstition de l'inconscient ne bornait pas ses méfaits à priver l'Allemagne savante de toute participation efficace aux idéaux et aux disciplines de l'humanité modèle. Elle enfantait, de sa fécondité propre, des systèmes de philosophie qui allaient pendant près d'un siècle stériliser bien des esprits parmi les meilleurs de l'Europe. Non contente d'être réputée pour son érudition, l'Allemagne hégélienne a créé la légende de sa supériorité en métaphysique. Il faut seulement lui reconnaître une aptitude très profonde à la mauvaise métaphysique.

Il en est, en effet, une bonne, légitime, qui ne constitue pas la partie la moins précieuse du grand héritage classique. Aristote, dans l'antiquité, et, dans l'époque moderne, Leibniz, celui-ci Germain ou plutôt Germano-slave (mais la langue allemande n'était qu'un patois alors, Leibniz pensait en latin et en français), en ont donné des exemples immortels. C'est d'ailleurs moins la lettre de leur doctrine elle-même qui importe, que le plan selon lequel ils la construisent. Souverainement curieux de tous les faits physiques et moraux connus de leur temps, ils l'assoient tout d'abord sur la base de la plus large expérience : sans raideur dogmatique, ils sont disposés à accueillir toutes les idées qui se sont montrées de quelque fécondité dans la spéculation ou dans la pratique, toutes celles que recommande quelque tradition influente sur l'élite du genre humain, toutes celles enfin qui sont claires, utiles ou belles. Si ces idées si variées ne s'accordent pas toujours logiquement entre elles, ils s'appliquent à ne pas sacrifier l'une à l'autre, mais à déduire la légitimité des points de vue auxquels chacune correspond. Il ne faut pas d'incohérence, mais non plus que l'esprit perde aucune de ses richesses. Ils reçoivent donc de toutes parts les matériaux de leur philosophie. Leur affaire est de les ordonner, d'en établir la hiérarchie la plus satisfaisante pour le sens du vraisemblable et pour celui du beau. On peut dire qu'ils édifient le palais de l'esprit humain en géomètres, en artistes. Ce palais abonde en fenêtres ouvertes. Il aura besoin d'être réparé, rebâti, à cause de l'effritement de bien des pierres au bout de quelques siècles. Mais ce ne sera jamais sur un plan absolument nouveau. Car il n'y a qu'une métaphysique : c'est celle qui traduit dans toute son ampleur la raison civilisée et dont les principes ne conduisent à aucun paradoxe repoussant.

A la fin du dix-huitième siècle, un têtu Allemand saccagea ces édifices superbes par une exploration bien dangereuse, bien stérile. Kant veut savoir si la métaphysique traditionnelle est vraie ou fausse, c'est-à-dire

si l'univers est en lui-même tel que le génie
de l'homme est parvenu à en esquisser les
grands traits. Curiosité stérile, en effet, puisqu'il faudra bien continuer de penser les
choses de quelque façon, et que l'homme, à
moins d'être devenu lui-même plus chétif,
tiendra toujours à les embrasser sous la
perspective la plus vaste en même temps
que la mieux éclairée. Il n'importe! Kant
introduisait dans la philosophie la manie
de ce qui est en soi, du vrai pur, de l'absolu.
Manie qui apparaîtra bien germanique, si
l'on songe à la ténacité de ses compatriotes
à avoir raison dans les discussions les plus
futiles, aux fameuses « querelles d'Allemand ».
Ses successeurs, les Hegel, les Fichte, les
Schelling, commenceront la tâche philosophique par prendre possession, chacun à sa
manière, de l'absolu, de Dieu. Cela s'appelle
commencer par le commencement. Un Allemand serait impatient et scandalisé de toute
autre marche. Il faut donc fermer les yeux
au spectacle de la réalité, s'enclore dans son
cabinet et attendre que la pensée, pressée
avec acharnement par la dialectique, sécrète
enfin l'Être des êtres. Or celui-ci ne peut nous

être représenté par aucune idée claire et raisonnée, puisqu'il déborde toute idée. Où le chercher donc? Au-dessous de la raison, dans les abîmes de l'esprit, dans l'Inconscient !

Ainsi l'Être premier nous est offert sous la figure d une espèce de monstre mental, amorphe par définition, rebelle à la description comme à l'analyse et formulable seulement grâce aux obscurités congénitales de la langue allemande, à la quantité de termes mal définis, de tours équivoques et filandreux dont elle abonde. De ce monstre, il s'agira de faire sortir le monde par voie de nécessité. C'est un jeu et ce sera un délice ! Ici le métaphysicien allemand rouvre un court instant sa fenêtre et prend un sommaire aperçu de la réalité. Il y voit le minéral, le végétal, l'animal, l'homme, la Prusse. Et il consacre ses jours à montrer que l'absolu devait nécessairement et successivement enfanter toutes ces choses.

Plus déplorablement encore, la fable de l'Inconscient a-t-elle corrompu les idées en esthétique. L'inconscience du génie créateur, son immédiate provenance de la nature, le

jaillissement spontané, purement mystérieux
et ineffable de tout mode d'expression original — mythes qu'aucune tête tant soit peu
touchée de germanisme n'oserait effleurer
d'un doute. On peut s'en étonner. Car parmi
les inventions de l'esprit humain, n'est-ce
pas l'art où se manifeste le plus éclatant
triomphe de la volonté réfléchie et de calculs
infiniment délicats sur la matière? Mais la
théorie germanique a trouvé un complice
dans l'orgueil des artistes modernes dont
elle enfle très haut l'individualité et qui ne
sont pas généralement assez forts pour convenir que les arts sont des métiers. Des métiers, entre tous difficiles et fins, il est vrai !
Le fond n'y est presque rien ! La forme y est
tout. Moins nerveux, moralement plus sains
peut-être que les peintres d'aujourd'hui (mais
l'inconscient serait-il donc de l'ordre des
névroses?), les primitifs ne devaient pas être
moins riches de spontané, d'émotions. Pourtant ils n'arrivaient pas, je ne dis point à
créer des figures, des ordonnances satisfai-
santes, agréables, mais seulement à faire
saillir une personnalité. Les œuvres de primitifs sont un vagissement. Ce qui y manque,

ce n'est pas l'ornement, les perfections de
l'art ; c'en est l'essence et presque l'intention même. Il faut des siècles de tâtonne-
ments, d'expériences, de gaucheries remar-
quées et corrigées, pour qu'un art quelconque soit enfin rendu maître des conditions
si complexes qu'exigent la beauté et un
agrément supérieur. Techniques si délicates,
si mystérieuses encore, non en soi, mais
pour la faible compréhension et les débiles
mains des hommes, que bien peu sont appelés
à jouer librement et puissamment avec elles.
Mais ce que fêtent nos yeux aux tableaux
de Titien et de Rembrandt, est-ce l' « âme »
de ces grands hommes ou le triomphe de la
peinture? Certes nous n'ignorons pas les
apparences qui doivent induire un observateur prévenu par une fumeuse philosophie
à ne voir dans les « inspirations » géniales
qu'une poussée débordante de la vie. On ne
sort pas d'une psychologie banale en avouant
ce qu'il y a d'involontaire, non pas même
dans la conception d'une œuvre vraiment
expressive, mais dans le jet d'un beau vers,
d'une phrase heureuse, d'une mélodie élancée,
bien plus : dans la résolution d'un problème

de géométrie. Seulement d'où vient que l'ir-
réflexion n'eut jamais de ces effets merveilleux chez un inéduqué — qu'il n'y eut, en
aucun art, en aucune science, d'amateur de
génie, — et que l'auréole ne veuille décidément pas nous apparaître brillante, de ces
artistes qui, avec de magnifiques sentiments,
de grandes parties, ne surent pas forger une
matière d'assez de densité et d'éclat? Combien la « Nature » avait donné à ces hommes,
à Berlioz, par exemple! Mais ils ne surent
ou ne purent s'approprier que trop incom-
plètement cette « seconde nature » qu'une
éducation achevée, c'est-à-dire une initiation
profonde des sens à la complexe expérience
esthétique, crée chez les aptes, et dont il
ne faut pas dire qu'elle fournit les moyens
de donner un corps heureux à ce qu'on a
conçu, mais bien plutôt qu'elle entre dans
l'intime de la conception elle-même et la fait
spontanément heureuse. L'inconscient qu'on
reconnaît ici n'est donc pas primitif, générateur, mais obtenu. Cet inconscient, d'ailleurs, la dissection en est-elle impossible?
Tout ce qu'un inconscient « naturel » pourrait suggérer à un artiste, ce n'est jamais

que les idées, les états d'imagination ou de sentiment — qu'il se propose d'exprimer, le « fond ». Mais, ou bien ce fond lui est commun avec d'autres hommes et ne contribue donc pas à le définir comme artiste ; ou bien il est inintelligible pour tout le monde ; ses pensées ne sont qu'à l'état de larves subjectives... Que la lecture exclusive de bons poètes nous purge des mythes sauvages de l'esthétique hégélienne !

Ces mythes ont trouvé dans l'esprit démocratique et égalitaire un fumier propice à leur croissance. Qui saurait sonder dans toute leur profondeur les innombrables falsifications historiques, philosophiques, scientifiques, ourdies par cette mentalité néfaste, désespérerait du minimum de guérisons intellectuelles à opérer dans les jeunes générations françaises pour que notre culture ne soit pas trop abaissée. La triste haine de l'idéologue contre les aristocraties se régale de la fable de l'Inconscient, matrice commune de tous les enfantements de la pensée. De même qu'il n'y aurait plus de place dans une société humaine « juste » que pour des égaux, des frères, des pareils — ainsi ne veut-on

pas qu'il y ait des états spécifiquement supérieurs de l'intelligence. Tout ce qu'il y a de
beau, de fécond, de fort, vient d'en bas ! Autant dire que la raison est enveloppée dans la
stupidité, comme dans sa gangue préserva-
trice. C'est la thèse de Parsifal. Parsifal, *der
reine Thor*, le pur imbécile, en qui le riche
et humide terreau de l'inconscient n'a été
encore appauvri par aucune réflexion. Le
mysticisme égalitaire, plus fort que les plus
élémentaires et les plus inévitables notions,
les dément. On n'oserait pas nier qu'il y ait
des attitudes physiques négatives l'une de
l'autre et que marcher soit nettement le
contraire de croupir. Mais que la réflexion, la
volonté, la clairvoyance constituent des
attitudes mentales opposées à l'impulsion
et à la niaiserie, voilà qui sentirait bien dangereusement le privilège et pourrait trop
facilement induire en la distinction d'hommes
qualifiés pour commander et d'autres mar-
qués pour obéir. Non ! la conscience n'est
que le prolongement de l'inconscience et
comme sa frondaison ! Jusqu'au génie, dont
tout le secret gît dans un contact plus proche,
plus exclusif avec la nature, dans un cœur

non desséché par l'analyse, dans une façon d'innocence! Ne faut-il pas que les petits, les « humbles », le « peuple » aient du génie? Chez des Français, de telles idéologies signalent décadence, abaissement. Chez les Allemands, elles sont fruit naturel. « Nation de petites gens », a formulé brièvement M. Henri Albert, qui ne les ignore pas (1).

Les modes supérieurs de la pensée ne se sont manifestés dans ce peuple qu'à l'état d'exceptions fort rares, toujours incomprises, sans effet éducateur. Une analyse des facultés à quoi l'Allemagne doit sa réputation propre dans l'ordre de l'esprit, et de la philosophie dans laquelle ces facultés se sont divinisées,

(1) Au temps où j'écrivais cette étude, il y avait un coup de barre à donner contre ce que j'appellerai la démocratie de l'inconscient, contre une tendance à méconnaître ce que la faculté de création artistique demande d'études profondes et prolongées. On pourrait penser aujourd'hui que le coup de barre était un peu fort. Je vois prévaloir dans certaines régions de notre littérature présente l'idée désolante qu'un labeur ingénieux, une application raffinée peut faire un poète. Du Delille lourd et du Jean-Baptiste Rousseau manqué passent pour de la poésie, parce qu'ils ont été trempés dans du Mallarmé. Je vais dire une naïveté : il faut de l'inspiration, une nature, une âme, et je ne sais quoi de divinement facile pour faire un poète. Il faut ce qui s'apprend et ce qui ne s'apprend pas. L'extrême noblesse, la qualité supérieure de la visée ne donnent pas du génie.

nous a conduit à délimiter très nettement et
à oser dire ce dont ce pays n'a pas le sens :
la culture. Toute l'aptitude historique du
monde ne hausse pas à comprendre des
formes de mentalité auxquelles on n'a pas pris
soi-même part. Même en sa période la plus
féconde, l'Allemagne n'a pas possédé la
gloire, ni émis le rayonnement d'une culture
propre. L'esprit germanique n'a pas pris
forme. Il est amorphe. C'est ce que ses admi-
rateurs expriment d'autre façon, quand ils
le louent de sa vastitude et de ce sens qu'il
porte en soi de l'infini. Il n'y a pas d'esprit
germanique. Les nuages germaniques ne
seraient donc pas profondeur, mais incerti-
tude, errance? A celui qui y a pénétré sans
s'y perdre, la pensée allemande fait l'impression même que les systèmes de Hegel
et de Fichte voudraient nous donner du
monde : celle d'un fabuleux inachèvement.
Aussi bien, la philosophie du devenir n'est-
elle pas la philosophie d'un têtard? C'est
donc à tort que Renan appela l'Allemagne
une maîtresse. Mûr, il en revint. Il avait
bu aux coupes fines. Si, pendant le siècle
qui vient de s'écouler, le poids d'énormes

enfantements métaphysiques et historiques
parut déplacer vers l'Allemagne le pôle de
l'intelligence humaine, ce n'a été que par
fraude, grâce à l'obscurcissement temporaire
— ou définitif — des disciplines de la raison
et du goût en Europe. La réputation de
l'Allemagne a bénéficié de tous les bouleversements politiques et sociaux qui, peu à peu,
ont défait depuis cent ans, tant dans les
mœurs que dans les idées, les ordonnances
classiques et françaises. L'Allemagne ne
semble grande qu'à celui qui n'a pas le sens
des modèles. Son étendue, il est vrai, est
démesurée. « C'est le pays plat de l'Europe, »
disait Nietzsche (*das Flachland Europas*).

Félicitons Voltaire de son goût « étroit »
auquel n'étaient tolérables que trois ou quatre
cents années de l'histoire humaine. Même en
reculant les limites de ce royaume choisi,
il est positif que les lieux et les siècles de
civilisation, de raison, de belle humanité,
forment un tout petit canton parmi les de-
meures et les temps où s'étala l'espèce
entière. Autour, c'est, plus ou moins épaisse,
plus ou moins traversée de clarté, la nuit de
la barbarie et de l'instinct. Peut-être la

menaçante rumeur de cet immense océan
sombre accroît-elle la fièvre d'habiter dans
l'île brillante. La meilleure passion de Voltaire, c'est ce frémissement de dédain quand
il songe que la logique et l'art, que cette
organisation de pensée et de sentiment qui
fait le civilisé, sont peut-être le plus fragile
accident de l'univers. Attitude héroïque dans
son excès et qu'il faut comparer au scrupule
courbé d'un Allemand « objectif » avec sa
soumission à tout connaître, sa peur d'être
« incomplet », sa lourde versatilité de compréhension, son inexpérience du dégoût.

# FAUT-IL APPRENDRE L'ALLEMAND ?

1921.

Un article de M. Maurice Legendre dans *les Lettres* a remis à l'ordre du jour la question de la langue allemande. Faut-il lui conserver la place qu'elle tient dans les programmes scolaires, dans l'enseignement des Universités ? Faut-il, au contraire, cesser d'en considérer l'étude comme un moyen de culture générale et l'abandonner à un petit nombre de spécialistes qui, par des traductions, des comptes rendus critiques, tiendraient le public français au courant de toutes les manifestations de la pensée germanique qui méritent d'être connues ou que nous avons intérêt pratique à connaître? Ce problème a inspiré de très utiles considérations en sens divers à M. Raymond Poincaré, à Léon Daudet, à Maurice Barrès. Je voudrais, non trancher le débat, mais y apporter quelques éléments.

Tout d'abord, je signalerai la confusion que l'on me paraît commettre quand on explique par la place exorbitante accordée à l'étude de la langue et de la littérature allemandes dans nos collèges et nos Universités l'excès d'influence obtenu par la pensée germanique sur l'esprit français, le crédit abusif usurpé chez nous par les philosophes et les artistes d'outre-Rhin. La pénétration massive et décisive de la philosophie allemande en France a eu lieu à une époque où la connaissance de l'allemand était extrêmement rare dans les portions cultivées de notre pays. Elle a eu pour instruments ou auxiliaires principaux des hommes qui ne savaient pas ou qui savaient très mal l'allemand. C'est dans les vingt années écoulées entre 1830 et 1850 que le gros des philosophes allemands, Kant, Fichte, Schelling, Hegel, a trouvé chez nous des traducteurs très inégalement compétents. Mais ni ces traducteurs n'auraient entrepris leur travail, ni ils n'auraient surtout trouvé d'éditeurs pour le publier, sans l'espèce de prévention enthousiaste que l'enseignement de Victor Cousin avait suscitée dans le public en faveur des systèmes germaniques. Cousin, peu versé dans la langue et dépourvu de patience dans l'analyse des idées, n'avait des métaphysiciens qu'il prônait ainsi qu'une notion assez superficielle et même inexacte ; mais cela ne l'empêchait pas de fournir de leurs doctrines de belles images flottantes et éloquentes qui suffisaient à séduire les auditeurs de ses cours, imaginations déjà emportées à la dérive par le mouvement romantique. Le prestige oratoire de ses exposés en suppléait la valeur technique. Les traductions allaient par la suite faire leur œuvre dans quelques intelligences en position d'agir sur la pensée de leurs contemporains. Je note seulement que, sous la Restauration et sous le règne de Louis-Philippe, du moins jusqu'en 1840, il n'a même pas été besoin de traductions pour revêtir les philosophies germaniques d'une séduction aussi mystérieuse que démesurée. Les descriptions enflammées de Cousin, venant après les tableaux plus nuancés, mais bien attirants aussi, de Mme de Staël avaient produit ce résultat.

S'il y a eu pendant cette période un écrivain philosophique allemand un peu lu (je ne parle pas des poètes), ç'a tout au plus été Herder dans la traduction d'Edgar Quinet (1).

C'est la génération de 1850, la génération de Taine, de Renan, d'Edmond Scherer et de l'école protestante libérale de Strasbourg, qui a reçu de la source même, c'est-à-dire de la lecture des textes, soit originaux, soit traduits, cette influence philosophique allemande qu'elle allait à son tour répandre chez les Français. Mais voici sur ces importateurs de pensée germanique une observation qui me semble d'un certain poids dans la question que nous avons en vue. Ceux d'entre eux qui ont connu les philosophes allemands en traduction et qui ne les ont connus que d'une manière très partielle et relativement peu fréquentés, ont infiniment plus fait pour en inspirer le goût et en faire accepter l'autorité en France que ceux-là qui savaient les lire dans leur langue et qui en possédaient une connaissance appro-

(1) Guigniaut avait publié en 1825 la traduction des deux premiers volumes des *Religions de l'antiquité* de Creuzer.

fondie, complète ou du moins très étendue. Scherer et les théologiens strasbourgeois, tels que Reuss, Michel Nicolas, Colani, étaient assurément dans ce cas. Or, en dépit de tout ce que leurs travaux assez lourds et arides, mais sérieux, nourris et vigoureux, peuvent contenir de solide, de réfléchi, de plausible en faveur d'un kantisme et d'un hegelianisme d'ailleurs modérés, ils n'ont pas agi de sensible façon sur le mouvement des idées françaises. Bien au contraire, Taine et Renan ont éprouvé pour la métaphysique allemande une véritable ivresse d'esprit dont les expressions ont profondément touché leurs contemporains et sont très rapidement devenues célèbres. Et ce qui, dis-je, est à remarquer, c'est que ni l'un ni l'autre n'étaient bien forts, comme germanisants. Taine nous dit avoir lu Hegel « avec ivresse, pendant un an, en province », dans la morose et accablante traduction de Charles Bénard et je pense qu'il y met pas mal d'hyperbole. Quant à Renan, sa connaissance de l'allemand, qu'il commença d'apprendre à Saint-Sulpice, paraît avoir été médiocre. Ce qui est certain, c'est qu'il a peu lu les philosophes ; à la manière dont il parle de Kant et de Hegel, on voit qu'il les a à peine feuilletés. Et, si l'on met à part son étude des ouvrages spéciaux de linguistique et d'exégèse, on peut affirmer que tout ce qu'il a connu de la pensée allemande dans ses généralités, il l'a tiré d'un unique morceau, morceau très fort d'ailleurs et qui tient une place capitale dans l'histoire philosophique du dix-neuvième siècle : je veux dire l'Introduction à la *Vie de Jésus* de David Strauss, traduite par Littré en 1835. C'est à cette source (on pourrait en fournir la preuve matérielle) qu'il a puisé tout le fond de ses notions sur les principales positions et les grosses lignes de développement de la pensée germanique. Il est vrai qu'avec son intelligence et sa subtilité merveilleuses, il suppléait à l'insuffisance documentaire de ses lectures et que dix pages bien lues lui fournissaient plus de substance, plus d'idées et d'aperçus qu'à d'autres cent ou dix fois cent pages. Mais cette concession confirme ma thèse. L'Allemagne que Renan a glorifiée a été plutôt une Allemagne imaginée ou, pour mieux dire, recomposée, reconstituée par lui, qu'une Allemagne connue par information proprement dite et exploration attentive. Lui-même le reconnaît d'ailleurs dans un endroit de ses *Cahiers de jeunesse*. Les Allemands, dit-il à peu près, mais je n'ai guère eu besoin de les lire ; je les avais devinés d'avance. Oui, il les avait devinés et je crois même qu'il les avait embellis.

Un autre inoculateur, beaucoup moins notoire, mais beaucoup plus efficace, en raison du champ d'action sur lequel il opérait, de la pensée germanique dans les cerveaux français, ç'a été Jules Lachelier, qui enseigna la philosophie à l'École normale après 1870. Lachelier, lui, connaissait à fond son Kant ; mais incapable d'interpréter un texte allemand, il le connaissait d'après les traductions de Tissot et de Jules Barni sur lesquelles il s'était jeté « comme le ouistiti sur sa noix » et qu'il avait dévorées et digérées pour les restituer à ses élèves, mêlées avec de l'Aristote et du Descartes.

On pourrait multiplier les exemples de ce genre. Ils tendraient tous à prouver que si, dans le cours du dix-neuvième siècle, la philosophie allemande a joui chez nous d'un prestige qui dépassait son mérite, un tel fait

ne tient pas du tout à ce que l'étude de la
langue allemande et de la littérature allemande était cultivée avec exagération dans
nos lycées et nos Universités et y avait
exercé une sorte d'invasion démesurée et
parasitaire. Ce prestige s'est formé et s'est
imposé en un temps où presque aucun homme
cultivé en France ne lisait l'allemand. Il
s'est donc imposé grâce aux seules traductions et plus encore grâce aux commentaires enthousiastes d'un petit nombre d'écrivains et de professeurs qui avaient lu ces
traductions et avaient cru y trouver. merveilles. Les adversaires les plus acharnés de
l'étude de l'allemand, comme M. Maurice
Legendre, ceux qui pensent avec lui que « la
grandeur spirituelle de notre patrie » est
intéressée à ce que l'esprit français soit définitivement purgé de tout atome d'influence
germanique, ne vont pas jusqu'à demander
que nous devenions absolument ignorants
de ce qui se pense et s'écrit de l'autre côté
du Rhin. Ils accordent qu'il faut une équipe
de traducteurs, de rédacteurs de comptes
rendus, de metteurs au point. Le passé
montre que cette méthode ne donnerait pas

nécessairement le résultat désiré, puisqu'elle a été longtemps mise en pratique et a précisément produit le résultat contraire et abominé.

J'irai plus loin et j'oserai soutenir que c'est aux très grands progrès faits chez nous par les études germaniques dans les vingt à trente dernières années, que l'on doit cette baisse du prestige allemand qui a précédé la guerre et qui a été un des facteurs intellectuels et moraux de la victoire. L'Allemagne philosophique et pensante, dès qu'elle a été mieux connue et pénétrée, a perdu peu à peu la gloire incroyable que l'imagination de nos pères lui avait faite. Oh ! je sais bien, notre Université était pleine de germanistes béatement perdus dans l'objet de leur étude habituelle et professionnelle, et qui s'en délectaient pesamment, au point de ne savoir plus se ressaisir pour le dominer et le juger après nous y avoir introduits. Mais quelques-uns s'étaient montrés capables des deux opérations, la pénétration et le jugement. Les grands services rendus dans cet ordre par René Lote, Reynaud, Dupouy et d'autres, ont fixé, dès avant la guerre, aux germanistes

de l'Université la saine direction à imprimer
à leurs travaux et à leur critique. Ces écrivains ont donné avec autorité et mesure le
signa  d'une réaction anti-germanique de l'intelligence et du goût. Et je fais observer qu'ils
étaient beaucoup plus sérieusement et intimement initiés à la langue et à la littérature
allemandes que ceux-là qui avaient suscité
la germanolâtrie en faveur aux temps de
Louis-Philippe et du second Empire. Ne
pourrait-on pas dire, en imitant et renver-
sant le mot de Bacon à propos de l'athéisme,
qu'un peu d'initiation à la pensée allemande
en fait imaginer merveilles et que beaucoup
d'initiation en désillusionne et en déprend
au contraire l'esprit?

Je ne crois pas d'ailleurs qu'il faille inférer
de là l'opportunité de renforcer l'étude de
l'allemand au collège, ni même de lui conserver l'importance scolaire qu'elle avait prise
quelques années avant 1914. Je dis seulement que nous nous trouvons en présence
de deux questions bien distinctes : une question de pédagogie qui ne doit être réglée
que d'après des raisons pédagogiques, une
question de critique générale qui plane fort

au-dessus de la précédente. Au point de vue de la pédagogie, je crois qu'une étude prématurée et intensive de l'allemand est très préjudiciable au jeune âge, à cause de la nature et de la contexture de cette langue, mais que la même étude, commencée en troisième et pratiquée dans un esprit grammatical et littéraire, peut rendre de vrais services. Pour ce qui est de la question plus haute de la valeur des idées et de la culture germaniques et de ce que nous devons ou n'y devons pas emprunter, je ne pense pas qu'on la résolve d'une façon suffisante par une simple et sommaire déclaration de mépris comme celle que se permet M. Maurice Legendre, quand il exprime sans hésitation que la philosophie allemande est, d'un bout à l'autre, un « tissu d'ineptie ». M. Legendre a-t-il songé qu'il enveloppait dans ce même jugement d'ineptie tous ceux des nôtres qui ont fait grand cas de cette philosophie, tels Cousin, Pierre Leroux, Taine, Renan, Renouvier, Lachelier, Boutroux et d'autres. C'est extraordinairement s'avancer. Sans aller jusqu'à dire avec Hegel que « tout ce qui est réel est rationnel », je crois qu'il faut pousser un peu plus loin le respect intellectuel du fait.

Il est bien certain que les systèmes allemands, quand on prend la peine de les étudier d'un peu près, se révèlent d'une qualité inférieure aux grandes spéculations de Platon, Aristote, saint Thomas, Descartes, Locke, qui avaient exercé jusque-là sur la pensée occidentale leurs règnes successifs. Mais c'est précisément à cette infériorité que tient le problème. Pour que des constructions intellectuelles aussi mal venues aient tellement frappé ou séduit des esprits éminents ou distingués de notre nation, il faut qu'il y ait eu de grandes raisons à cela. Ces raisons, je ne sais pas s'il plairait au collaborateur des *Lettres* de les regarder toutes en face. Il faut s'en rendre compte pourtant. La critique de l'influence germanique doit commencer par ce point. Précisément à cause de ce que cette influence paraît avoir eu de très abusif, il est absolument nécessaire de savoir ce qui a bien pu lui frayer un aussi large chemin dans un pays de culture ancienne et si supérieure à la culture allemande.

Je n'ai pas la prétention de le dire. Il y

faudrait un long travail. Je me bornerai, dans cet ordre, à proposer un aperçu, assez central, il est vrai, et qui concerne spécialement Kant et Hegel.

Je dis que l'avantage de ces deux philosophes a été de gagner une sorte de fausse avance sur la pensée française et généralement sur la pensée européenne en prenant position sur des problèmes modernes que les récentes acquisitions ou les récents développements de l'esprit humain imposaient, bon gré, mal gré, aux esprits et que nous nous trouvions, nous, Français, gênés d'aborder avec la même liberté qu'eux, soit par la vieillesse tutélaire et l'intransigeante autorité de nos traditions, soit par la subversive insolence de ce qui chez nous combattait ces traditions. Les positions qu'ils prirent à cet égard furent confuses, affreusement mal établies, indignes de faire autorité. Mais elles existaient ; et ces idéologues d'un pragmatisme grossier étaient les seuls qui fussent de quelque manière allés au-devant des contradictions dont de très nombreuses intelligences de leur époque, Renan, par exemple, sortant de Saint-Sulpice chrétien

et voltairien à la fois, se sentaient tourmen-
tées intérieurement. De là cette étrange disposition à leur faire crédit sans les connaître
et sur un simple ouï-dire tendancieux au
sujet de leurs doctrines.  ·

Est-il vrai, oui ou non, que des milliers
d'hommes modernes, depuis la fin du dix-
huitième siècle, aient eu l'esprit et l'âme
partagés entre un invincible attachement à
l'esprit et à la morale du christianisme et
une acceptation d'ensemble (facéties et in-
jures mises à part) de la critique philosophique de Voltaire? Est-il vrai que des milliers d'hommes cultivés se soient sentis à la
fois contraints d'admettre que l'esprit humain
ne peut se passer de métaphysique, qu'il n'y
a rien de plus naturel et de plus nécessaire
que de faire de la métaphysique, et que,
cependant, il y a quelque chose d'irrésisti-
blement ruineux dans la critique de Hume
et des empiristes contre la métaphysique?
Hé bien ! toutes ces doctrines, toutes ces
inclinations « contradictoires », qui se par-
tageaient l'Europe, christianisme et voltai-
rianisme, métaphysique traditionnelle et empirisme destructeur, le docile Allemand Kant

les a reçues à la fois avec une soumission
égale et il a voulu les hospitaliser simulta-
nément dans son système. La façon dont
il s'y est pris pour les accorder m'apparaît,
au point de vue gréco-latin, comme l'ouvrage d'une confusion intellectuelle tout à fait
étrangère à notre pensée. Mais le problème de
cette conciliation désirable n'en existe pas
moins, indépendamment de la façon dont
Kant s'y est attaqué, si on veut reconnaître
que jusqu'ici aucune de ces causes en conflit n'est parvenue à annuler la force inhé-
rente à la cause adverse et que, par suite,
beaucoup d'âmes modernes sont singulièrement divisées contre elles-mêmes, ce qui n'est
pas sans répercussion sur l'état général de la
société. Autant dire que, pour éliminer tous
ces apports de kantisme qui obscurcissent
et appesantissent encore la pensée française,
laquelle, si elle n'est vive, alerte et claire,
n'est rien, et aussi pour réduire Kant à ses
véritables proportions aux yeux de l'univers pensant, il ne suffira pas de qualifier
Kant d'inepte et de lui régler son compte
par une bousculade ; il sera désirable que
des représentants de la pensée française,

sensibles aux difficultés profondes et délicates sur lesquelles Kant a mis la main avec
sa crudité et sa force germaniques, ne se bor-
nent pas à les éluder timidement, mais qu'ils
les abordent à leur tour avec les disciplines
plus pures et le meilleur génie de leur race
et qu'ils en élaborent des solutions plus harmonieuses et plus douces qui seront à la
libre disposition de l'humanité.

La place me manque pour appliquer à
Hegel et à sa philosophie de l'histoire, qui
assoit sur de puissants motifs de barbares
conclusions, le même point de vue. Mais je
pense m'être fait assez comprendre. La plus
efficace « surveillance de la pensée allemande », ce sera encore le travail créateur
et l'enthousiasme inventif de la pensée française. Cela vaudra mieux que de préparer
sur les grands hommes boches des jugements
*ad usum Delphini*, dont je suis loin d'ailleurs
de contester l'utilité provisoire pour les gens
qui veulent avoir des opinions sans s'im-
poser l'effort de penser. Il y a, je le reconnais, des wagnériens qui manquent de modération. Mais quand il sera sorti à nouveau
de chez nous (et cela viendra) une musique

capable d'enchanter le monde autant que celle de Wagner, et qui, étant née sous des cieux plus clairs, sera plus belle, cette modération se produira d'elle-même et pour le meilleur des motifs. Quand il s'agit de sécurité militaire, de garanties économiques et de réparations, serrons la vis. Dans l'ordre des idées et des lettres, jouons la partie largement et sans chétives précautions. C'est la seule manière de la gagner.

# QUESTIONS D'ENSEIGNEMENT

# PHILOSOPHIE DES HUMANITÉS CLASSIQUES

1916 (1).

Si présomptueux qu'il soit d'appeler « bons esprits » les esprits qui ont nos opinions, je crois pouvoir dire qu'il existe aujourd'hui un accord unanime des bons esprits sur le point suivant : les études classiques ont subi en France, par le fait des prétendues réformes récentes, des dommages désastreux qui appellent une réaction éclairée et réparatrice. Pour démontrer ces dommages et fixer le sens de cette réaction nécessaire, il

----

(1) Les « réformes » dont il est question dans cette étude viennent d'être contre-réformées par M. Léon Bérard. Cette contre-réformation excite des oppositions assez vives pour que la guerre au « modernisme » scolaire n'ait rien perdu de son actualité et de son utilité. En tout cas, il est toujours bon de remonter aux principes et à la philosophie de ces questions.

sera bon de se référer tout d'abord à une notion exacte de ce qu'on appelle études classiques ou encore humanités.

*<br>
* *

L'origine des humanités est ancienne; longue, leur histoire. Elles forment le type général sur lequel, à la suite de la Grèce et de Rome, la Renaissance et les quatre derniers siècles de la France ont conçu l'éducation intellectuelle et morale de la jeunesse. Naturellement, ce régime séculaire d'enseignement n'a pas traversé des époques aussi diverses sans éprouver bien des transformations, des vicissitudes et, comme on dit, des hauts et des bas. Mais, à travers tous ces changements, à travers toutes ces alternances de floraison et de dépression, de vigueur et de langueur, il est aisé de discerner la fidélité à un certain fond de doctrine et de discipline qui a toujours subsisté semblable à lui-même. Il s'agit de savoir, quand on veut discuter utilement sur la valeur des études classiques, si ce fond traditionnel était justifié par la nature des choses et par les nécessités qui en découlent, ou bien s'il ne trouvait sa justification que dans certaines particularités propres à un âge du monde, à un âge de la civilisation aujourd'hui révolu. C'est à cette conception que doivent se ranger, sous peine d'inconséquence, les adversaires de l'institution classique. Ne pouvant point ne pas constater le lien constant, donc nécessaire, par lequel elle a tenu à l'ensemble de la civilisation dont nous sommes les héritiers, ils doivent admettre que nous sommes entrés dans l'ère d'une civilisation nouvelle dont une des nouveautés consisterait à n'avoir plus besoin des services que la pratique des études classiques rendait à celle qu'elle remplace.

Pour mettre en relief l'objet traditionnellement assigné à l'enseignement classique, il n'y a qu'à l'opposer à un autre genre d'enseignement qui n'en diffère pas seulement par la matière des connaissances qu'il distribue, mais par l'intention et l'esprit dans lesquels il les distribue. Je veux parler de l'enseignement usuel.

L'usuel n'est pas l'utile. Tout ce qui est usuel est utile. Mais tout ce qui est utile n'est pas usuel. Est usuel ce qui a par soi-même un usage. Une chose peut être utile sans avoir un usage par soi-même, quand elle rend plus facile, ou plus fécond, ou plus agréable l'usage de plusieurs autres choses. Les connaissances usuelles sont celles qui ont une application immédiate aux besoins de la vie. « Lire, écrire et compter », c'est ainsi qu'on énumérait jadis les connaissances usuelles communes jugées indispensables à tous, et l'énumération n'a pas cessé d'être satisfaisante. Les connaissances usuelles font l'objet de l'enseignement que nous appelons aujourd'hui *primaire* et que trop de gens ont le tort de se figurer comme une création propre du dix-neuvième siècle, car il remonte beaucoup plus haut.

Dans l'éducation classique, la valeur des connaissances enseignées s'apprécie à un autre point de vue. On ne leur demande pas de se prêter à une utilisation pratique immédiate. On les considère avant tout comme des matières d'exercice pour l'esprit. On se préoccupe du développement apporté à l'intelligence par les actions répétées qu'elle accomplit pour les conquérir et pour les mettre en application dans les travaux scolaires. On vise beaucoup plus à perfectionner les facultés de l'élève qu'à lui meubler la tête. Les idées de formation, de préparation, de culture générale, on dit encore (et la métaphore, pour être devenue banale, n'en est pas plus mauvaise) de gymnastique intellectuelle, président à cette pédagogie. Ce qui ne veut aucunement dire que le but en vue duquel elle existe ne soit pas tout aussi pratique que celui de l'enseignement usuel. Mais c'est un but plus reculé, plus vaste et plus complexe et qui ne peut, par conséquent, être atteint que d'une manière progressive et par une suite d'étapes savamment ménagées, patiemment parcourues. On admet que, si les connaissances usuelles suffisent à ceux qui exercent les métiers manuels, les professions dites libérales ont d'autres exigences, en ce que les études qui y préparent, études du juriste, du médecin, de l'officier, de l'administrateur, de l'ingénieur, du professeur ne peuvent être abordées dignement et avec fruit que par un esprit préalablement développé, assoupli, affiné, ouvert, préalablement rompu au maniement de l'abstraction, du

raisonnement et des idées générales, à l'art
de l'ordonnance et de la composition, à la
pratique sûre des opérations délicates de la
pensée.

Le but de l'éducation classique pourra,
présenté de la sorte, sembler un peu abstrait.
Mais, comme a dit à peu près Descartes, il
faut commencer par diviser les idées en leurs
éléments pour les mieux définir. Quand
ensuite on remet ces éléments en contact,
elles reprennent vie. La discipline classique
perd toute apparence d'abstraction et de
froideur, dès qu'à la considération raisonnée
de son but on joint celle des matières d'études
que sa tradition séculaire lui recommande
comme le meilleur instrument pour y atteindre. Ces matières, elle les trouve dans
ce qu'il y a de plus vivant et de plus rayon-
nant, dans les chefs-d'œuvre des poètes, des
orateurs et des moralistes consacrés par
l'épreuve des siècles, dans les éléments des
sciences mathématiques et physiques. Pour
exercer et développer les forces de l'esprit
juvénile, quelle étude serait, en effet, supérieure à celle des créations et découvertes
les plus belles de l'esprit adulte, agissant

avec cette plénitude des moyens humains de penser qui s'appelle le génie? C'est, pour mieux dire, la seule appropriée.

Les sciences ne sont pas, dans la composition des humanités, une sorte de chapitre annexe ou de province extérieure. Il faut les concevoir, au contraire, comme en faisant partie intégrante. L'homme, cultivé littérairement, qui y serait demeuré par trop étranger, risquerait de manquer de certaines des qualités nécessaires à un bon esprit. Et, si l'observation est discutable quand on l'applique à tous les individus (il y a des individus dont l'exceptionnelle vigueur de bon sens natif supplée à bien des lacunes, et d'autant plus qu'elle leur en donne le sentiment), on ne peut la mettre en doute pour ce qui est de l'ensemble de la société, où le défaut généralisé de culture scientifique favoriserait l'éclosion de bien des opinions malsaines et frayerait une voie facile à bien des charlatanismes. Il est vrai que ce danger s'attacherait beaucoup plus gravement encore à l'absence de culture littéraire ; et c'est une des raisons pour lesquelles, dans le corps des humanités, le premier rang, la prépondérance appartient et mérite d'appartenir non aux sciences, mais aux lettres.

Il y en a d'autres raisons. Les sciences ne peuvent figurer dans un enseignement commun, dans une culture générale que par leurs éléments ; car, au delà de la zone des éléments, commence un domaine spécial et technique, appelant des moyens d'exploration trop particuliers. Dans l'étude des lettres, il n'y a rien de technique, tout a une valeur générale ; il n'y a que des degrés de pénétration et d'intimité proportionnés à chaque âge de la vie, aux dons de sensibilité et de finesse de chaque individu. L'enfant y a accès déjà ; il y trouve le pain de sa faiblesse ; il y apprend le langage, les idées, les lois de leur ordre et de leur enchaînement ; le jeune homme y découvre la beauté, il y éclaire, il y perfectionne son sens de la délicatesse, de la convenance et de la noblesse dans les passions ; le vieillard y trouve des plaisirs et des leçons qui avaient échappé à sa jeunesse, des horizons mélancoliques, mais amplifiés. Voilà la richesse bien supérieure des lettres. Les lettres sont l'humanité. La communauté, la continuité de la civilisation fait de toute l'humanité civilisée un seul être et les lettres sont l'expression de cette unité, elles en contiennent la substance. Une génération d'hommes, privée des moyens de participer aux pensées les plus vraies et les plus élevées, aux sentiments les plus sages et les plus beaux, comme aussi aux expériences éducatrices des générations antérieures, ne réaliserait qu'un type d'humanité bien pauvre, bien difforme et bien rude. Cela s'est vu dans l'histoire, dans ces temps où la tradition de la culture a été comme interrompue. Mais quand le canal des poètes et des prosateurs capables de rendre immortel ce qu'ils écrivent, a recommencé de répandre largement ses flots, ç'a été la renaissance humaine, la renaissance par les études classiques.

Les études classiques ont donc à la fois un caractère d'utilité palpable et solide, ou, pour mieux dire, de nécessité, et un aspect de beauté, de grandeur. Impossible d'ailleurs de marquer, dans l'ensemble qui les compose, la ligne, le point où finit l'utilité, où commence la beauté : cette ligne, ce point n'existent pas. Je parlais de la préparation

générale de l'intelligence, requise pour cer--
taines études et professions. Mais ce n'était
encore qu'une expression abréviative et
comme abstraite. L'intelligence ne se forme
pas sainement sans que le côté moral en
profite. Et je n'oubliais pas les lumières et
les finesses de conscience dont ces professions ne se passent pas sans que tout le
monde en souffre et en soit comme abaissé,
mais dont aussi elles ne sont pas pourvues
sans les faire rayonner dans toute l'étendue
de la société soumise à leur influence pré-
pondérante.

De ces traits découle très clairement la
conséquence suivante : un facteur essentiel
des études classiques réside dans leur durée.
Leur vertu tient à leur durée. On ne peut
pas les faire plus ou moins vite. Il faut les
faire lentement.

Rien de plus limpide. Quand il s'agit
d'exécuter un travail, qu'on sait faire, on
peut abréger le temps par l'intensité de
l'effort. Quand il s'agit d'acquérir une formation, cela est impossible, il faut laisser le
temps jouer son rôle ; car il ne se présente
pas ici comme un parcours à brûler, mais

comme un coopérateur à ménager. Une formation résulte d'une modification générale des organes vivants, et celle-ci ne peut être obtenue que d'une manière progressive. Aussi voyons-nous qu'entre les divers degrés de l'enseignement, le primaire, le secondaire et le supérieur (c'est-à-dire le professionnel supérieur), c'est le secondaire qui occupe, et de beaucoup, le temps le plus long. On admet qu'il faut environ trois ans pour l'acquisition des connaissances usuelles. Les études spéciales de profession prennent de trois ou quatre à cinq ans, bien rarement plus. Il faut huit ans pour « faire ses classes ». Et cela est dans la nature.

La raison dominante de formation, de développement qui impose cette condition de durée étant aussi celle qui détermine le choix des matières d'études, il en résulte entre ces matières et cette durée un lien absolument intime. J'insiste sur ce lien, sur cette solidarité indissoluble, parce que le mécanisme et la portée d'une réforme très fâcheuse, contre laquelle il y a lieu de réagir, s'en trouvent éclairés à merveille. Si l'on prouve que la durée attribuée aux études classiques n'est pas nécessaire, on aura infirmé par là même le caractère de nécessité reconnu à leurs matières traditionnelles. Réciproquement, si c'est à leurs vieilles matières que l'on s'attaque pour les remplacer par de nouvelles, choisies dans un esprit tout différent, la longue durée des études y perdra sans doute sa raison d'être, elle deviendra vaine et stérile.

Les réformes ont été orientées en ce sens. En apparence, elles ont respecté le temps des études et le principe dont ce temps est l'expression. En fait, elles y ont porté gravement atteinte en substituant partiellement, en marquant une redoutable tendance à substituer de plus en plus aux matières classiques des matières usuelles. Ce temps du collège, qui devrait être tout consacré à faire œuvre vive, a reçu, sous prétexte d'utilité pratique, des emplois médiocres qui conviendraient à un temps ultérieur et moins précieux. C'est ainsi que les disciplines littéraires et rationnelles ont dû céder une place exagérée à un enseignement des langues vivantes, exclusivement tourné vers la pratique et la conversation et qui ne pouvait même avoir ce résultat d'apprendre à nos enfants, en six ans de collège, autant d'allemand et d'anglais « tels qu'on les parle », qu'ils en pourront, adultes, avec un peu de volonté et de ténacité, apprendre en six mois chez Berlitz. Plus significative et de portée plus générale a été l'institution d'un cycle complet d'études sans latin, sans culture littéraire (le cycle sciences-langues vivantes), vrai bâtard du classique et de l'usuel, que les décrets et règlements ont hardiment habillé de la qualité de classique et qui, grâce à la seule vertu de cet oripeau, confère à ceux qu'a séduits la commodité de son parcours les mêmes droits, les mêmes capacités absolument que les études latines et littéraires. Le fait est fâcheux en lui-même, mais surtout par sa répercussion. Voyez-vous la condition du pauvre enseignement classique à côté de cet intrus qui est comme l'affiche de sa liquidation prochaine? Conservé tant bien que mal, quelle autorité, quelle vigueur garderait-il en réalité? Les destructions ou demi-destructions accomplies ont moins de danger que la doctrine latente d'où elles procèdent, doctrine faible et audacieuse à la fois, qui prétend maintenir un enseignement classique, tout en s'opposant à la raison qui légitime son maintien, qui voit dans cet enseignement, non plus une culture nécessaire à certains états, non plus un pain substantiel, mais une culture raffinée, ornementale et surérogatoire, un article de luxe désigné à l'abandon des gens pratiques.

Il faut que nous ayons les études classiques ou que nous ne les ayons pas. Il y a une autre nécessité (j'en dirai un mot) : c'est que nous ayons une variété de genres d'enseignement correspondant aux besoins sociaux réels, aux demandes fondées de la société. Mais que ce soient, si j'ose ainsi dire, des genres purs. Recommandable en toutes choses, la pureté du genre l'est particulièrement ici. Il faut que nous ayons des études classiques qui réalisent pleinement le sens de leur nom.

*
* *

Si, pour atteindre l'enseignement classique, on a pris ce détour de substituer aux matières qui lui conviennent des matières inférieures qui ne peuvent que l'abaisser peu à peu jusqu'à leur propre niveau, c'est en nous attachant à défendre le principe de l'enseignement classique que nous défendrons de la façon la plus efficace les matières dont il nous recommande le choix et dans lesquelles il trouve ses meilleurs instruments de réalisation et de mise en œuvre.

Ces matières ne sauraient, à coup sûr, former un corps intangible et absolument fixé. Les siècles, en accumulant les œuvres de la civilisation, augmentent le fonds littéraire et scientifique dans lesquelles les professeurs peuvent choisir. Mais cette abondance, en même temps qu'elle rend le choix plus délicat et plus difficile, en rend plus rigoureuse la nécessité. Nous, modernes, possesseurs des trois grandes littératures classiques (sans parler des étrangères), du vaste fonds de mathématiques et de physique des trois derniers siècles, sommes beaucoup mieux pourvus que les anciens. Nous éprouvons l'embarras de nos richesses. Ils éprouvaient un embarras opposé. Mais la pédagogie grecque et romaine avait suppléé à l'insuffisance du fonds que lui fournissaient les

textes poétiques et canoniques qu'elle faisait étudier à la jeunesse et les éléments
d'une géométrie encore à son enfance. Elle
avait spontanément inventé une scolastique.
Je veux parler de ces raffinements, de ces
subtilités, de ces complications, parfois arti-
ficielles de grammaire, de logique, de dialectique et de rhétorique qui nous étonnent
un peu dans les dialogues de Platon, l'*Or-
ganon* d'Aristote, les traités de Cicéron, les
Institutions de Quintilien ; et l'on en pourrait rapprocher une certaine recherche de
combinaisons arithmétiques plus ingénieuses
que fécondes. Nous sommes à même de
donner, à la place de cette part de subtilités,
une nourriture plus réelle. N'oublions pas
cependant que tant de chefs-d'œuvre poétiques, philosophiques et oratoires, tant de
grandes créations historiques dont le passé
nous présente le développement, tant d'inventions et de découvertes merveilleuses que
le présent continue, ne nous serviront qu'à
gâter l'estomac de la jeunesse, ou, pour le
dire sans métaphore, à faire des esprits
embrouillés et faibles, de petites encyclo-
pédies vagues, impuissantes et difformes, si

nous ne savons pas extraire de ce trésor
incomparable un corps de matières d'études,
aussi cohérent, aussi harmonieux et aussi
maniable, en sa complexité et ses finesses
nécessairement plus grandes, que celui dont
usaient les Grecs.

Nous voici à la fameuse question de la
surcharge des programmes. Vraiment, une
pédagogie qui est accusée de surcharger ses
programmes est une pédagogie qui, dans la
mesure où ce grief est justifié, tourne le dos
à son principe, à sa mission, ne sait pas son
métier, est suspecte de faire, comme on dit,
tous les métiers, sauf le sien. Que les papas
et les mamans gémissent de la surcharge
des programmes, cela est dans l'ordre. Mais
qu'il nous en soit parlé comme d'un mal
fatal et sans remède par des gens qui parti-
cipent à la fonction de diriger la pédagogie
française, que nous les entendions alléguer,
en gémissant, la double impossibilité de tenir
les programmes au niveau de connaissances
qui s'accumulent tous les jours et de ne pas
les y tenir, voilà un de ces traits qui ne
justifieraient que trop la plainte célèbre
d'Émile Faguet sur le culte de l'incompé-

tence. On va nous trouver bien présomptueux : à nos yeux, la difficulté est fantas-
magorique. Certes elle existe, mais en fait,
non en droit. Elle existe par la vertu ou
plutôt le vice d'un état de choses que la
raison n'approuve point. Je fais allusion au
fâcheux rôle que joue la méthode des con-
cessions mutuelles dans l'élaboration des
programmes d'études établis par des assemblées trop nombreuses, trop variées, où sont
réunies toutes les spécialités littéraires, historiques et scientifiques et où le nombre
excessif des membres favorise chez chacun
l'esprit de particularisme spécialiste, ren-
dant difficile une véritable coopération. Un
universitaire célèbre confessait récemment
devant la Commission d'enseignement de la
Chambre que les résultats de travaux conçus
de la sorte ne sont pas sans une assez forte
ressemblance avec les programmes politiques
des ministères dits de concentration, où
chaque parti est assuré de trouver une phrase
qui le satisfait. Mais ces programmes ont
une réputation qui n'est pas très bonne et
les programmes de concentration pédagogique en méritent une pire. J'aurais plus de

confiance dans les propositions d'un comité composé d'un petit nombre d'autorités éminentes et indiscutées (il en est), grands littérateurs, grands savants, hommes supérieurs de pratique et d'affaires, ayant une vue libre et simple des choses, incarnant le sens droit de cette élite sociale et éclairée de la France qui est, à meilleur titre qu'une assemblée parlementaire, à meilleur titre même qu'une assemblée exclusivement professionnelle, le bon juge et le haut arbitre des choses de l'instruction publique. De tels esprits n'éprouveraient pas d'insurmontables embarras à parer à la surcharge des programmes tout en procurant à la jeunesse les connaissances et les impressions faute desquelles elle aborderait comme une étrangère la civilisation de son temps. Ils ne verraient pas un plan d'études à mettre sur pied sous l'aspect d'une malle à faire, mais sous celui d'une œuvre d'art à élaborer ou plutôt à mettre au point ; car la tradition des études classiques existe et c'est une magnifique tradition ; elle demande quelques retouches, quelques adaptations, pas mal de retours en arrière, très en arrière, nullement une refonte totale.

La tâche serait cependant impossible si l'on n'était tout d'abord persuadé qu'il existe un point de vue pédagogique indépendant de tout autre, et qu'il doit gouverner la pédagogie. Il n'implique ni formalisme, ni étroitesse, ni abstraction, ni archaïsme ; mais il exclut aussi le snobisme du moderne et la hantise encyclopédique. Il peut arriver que les matières qui ont la plus grande valeur éducative ne soient pas celles qui ont la plus grande importance philosophique. Par exemple, j'admettrais fort bien qu'on me dît que l'histoire et les sciences biologiques ont plus de part, et une part plus directe, que les lettres et les mathématiques dans la formation d'une bonne philosophie naturelle. Cela n'empêche pas les lettres et les mathématiques d'avoir beaucoup plus de valeur pour l'éducation. Sans la culture littéraire on n'est pas préparé à entendre l'histoire ; et les mathématiques, tempérées par les lettres, fournissent un sens inimitable de la certitude, de la preuve et apprennent à imaginer des combinaisons, toutes qualités généralement requises, quelles que soient les études spéciales auxquelles on s'applique.

Je n'en conclus pas qu'histoire et sciences naturelles doivent être éliminées de l'enseignement. Elles doivent y figurer à leur rang qui, comparativement à celui des lettres et des mathématiques, est nettement subordonné.

Ce cas, auquel la précision ne me semble pas faire défaut, peut servir à élucider tous les autres et je ne saurais entrer dans le détail. Parmi les matières classiques, il en est une cependant sur laquelle il faut insister parce qu'elle est le bastion de la place et que, le gros poids de l'attaque, c'est elle qui l'a porté. Je parle du latin. Les adversaires du latin, précisément par ce qui se trouve d'intelligent dans leur argumentation, nous fournissent des armes décisives contre eux-mêmes. Ils reconnaissent les services que le latin rend ; mais ils disent que les mêmes services pourraient être obtenus autrement, à beaucoup moins de frais, avec une grosse épargne de temps et de labeur. — Vous prétendez, nous disent-ils, que le latin est nécessaire pour apprendre le français ; mais on peut tout aussi bien apprendre le français par le français seul. — On le peut certes, mais non pas aussi bien, ni aussi sûrement,

ni aussi profondément ; et, si nous supposons
qu'un résultat *égal* pût être atteint par cette
voie, n'hésitons pas à dire, en dépit d'une
première apparence de paradoxe, qu'il ne
le serait que bien plus difficilement et avec
bien plus de peine. Le latin représente, non
une prodigalité coûteuse, mais la véritable
économie des moyens. L'explication de français a un très grand prix. Mais, quand a-t-on
trouvé qu'elle portât en elle cette astreinte
à l'effort de précision, cette vigueur de contrainte intellectuelle, cette fermeté inéluc-
table de discipline logique dont l'enfance,
la faible enfance, a besoin et qui sont les
vertus de la version latine et du thème latin.
L'explication de français, dans le jeune âge,
offre à l'à peu près et au vague une sorte
d'issue perpétuelle que l'application du maître
le plus énergique et le plus minutieux n'arrive pas à boucher ; l'enfant ne sent pas la
force de la difficulté, il l'élude trop facilement. Il faudrait donc, si l'on n'avait que
cet exercice, le pratiquer beaucoup plus longtemps et avec beaucoup plus d'acharnement,
de même qu'une matière où les éléments
nutritifs seraient dilués devrait être absorbée

en quantité beaucoup plus grande qu'une
nourriture concentrée. De plus, l'emploi du
latin correspond à cette nécessité de graduation qui est essentielle dans les études classiques. Je veux dire que, pour le fond des
idées, les classiques latins sont plus acces-
sibles à l'enfance que les classiques français.
Leurs idées, sous le vêtement de magnificence et de majesté de cette langue admirable, sont plus simples. Un adolescent de
quinze à seize ans est plus chez lui dans
Cicéron, Salluste et Virgile que dans Racine,
dans La Fontaine, dans Bossuet, dans Pascal,
dans le Molière du *Misanthrope*. — Enfin,
faut-il répéter, après tout le monde, que
le latin fait partie de notre sève et de
notre sang et qu'un peuple, comme un individu, ne peut entretenir sa force et sa fraîcheur de vie, sans un certain contact avec
ses vraies origines? Au début de la guerre,
un Allemand nous appelait « la dernière
légion romaine ». Et l'esprit le plus libre, le
plus ouvert, le plus « moderne ». oserai-je
dire, du dix-neuvième siècle, Cournot, a
écrit qu' « avoir fait les études latines, c'est
être deux fois Français ».

Je veux écarter la polémique et je ne
m'attaquerai donc pas à ce qu'on pourrait
appeler l'idéologie des réformes, au détail
des théories qui, depuis une vingtaine d'années, sont apparues chez nous, pour motiver
l'entreprise contre les études classiques. Je
me bornerai à dire que tous leurs adversaires
n'ont pas manqué de l'esprit de conséquence
et qu'il en est, parmi eux, non les moins
influents (dans certains milieux du moins),
qui ont parfaitement compris et préconisé
la rupture avec la tradition classique des
études, comme une rupture avec la civilisation du passé français, avec l'esprit de na-
tionalité lui-même. La France doit se faire
une nouvelle morale. Les moralistes classiques français ne contiennent pas une idée
apte à former la conscience des générations
contemporaines. Ce qu'on appelle le goût
n'avait de base que dans les conventions et
les mœurs particulières d'une société aris-
tocratique et fermée. Il nous faut maintenant une culture appropriée à la patrie uni-

verselle qui est en train de naître et non plus une culture liée au sort de la patrie historique. Voilà ce que nous avons pu lire. Un vent purificateur aura balayé ces ambitieuses misères.

Mais il est bien rare que des théories suffisent à créer un mouvement. Ce qui est en leur pouvoir, c'est plutôt de favoriser un mouvement commencé dans les faits, de le débarrasser des obstacles, de le fortifier, et, s'il est mauvais, de l'empirer. L'entreprise contre les humanités n'aurait eu aucun succès, elle ne se serait même pas produite, si déjà les humanités n'avaient souffert de plusieurs causes d'affaiblissement antérieures aux réformes de 1902.

L'une était interne, si l'on me permet cette façon de parler médicale, et je ne la mentionnerai que très sommairement, une description complète en serait longue. Le sens des humanités classiques avait été faussé chez beaucoup d'humanistes et de professeurs, tout d'abord par l'abus de l'esprit historique, ensuite par les infiltrations du goût romantique. L'esprit historique, l'érudition, toutes les considérations qui se rap-

portent aux particularités des temps et des
lieux, aux influences de mille sortes reçues
par les écrivains, ont certes leur part dans
l'intelligence et dans l'enseignement des
lettres. Mais cette part, qui mérite de prendre
dans l'enseignement supérieur une assez
grande importance, sans devoir néanmoins
y devenir le tout ni l'essentiel (l'essentiel,
c'est le goût), ne saurait être, dans le secondaire, qu'extrêmement mesurée. Il n'est pas
besoin que l'enfance et l'adolescence soient
minutieusement renseignées sur les circonstances climatériques (certaines ou conjectu-
rales) où sont écloses les fortes et grandes
pensées morales et politiques qu'on propose
à leur intelligence et à leur admiration. Les
comprendre, les sentir, les admirer, les aimer,
voilà ce qui leur est bon. Quant au romantisme, on en pensera ce qu'on voudra ; mais
on ne pensera pas qu'il soit un excellent
éducateur de la raison ni des sentiments. Je
ne vais pas jusqu'à l'exclure et je tiens que
Rousseau et Victor Hugo nous fournissent
quantité de morceaux excellents et char-
mants à l'usage de la petite enfance. Pour
la formation virile, les classiques, qui sont

les mâles, les naturels, les simples et les forts !

Historicisme exagéré, relâchements du goût classique, ces deux erreurs avaient fini par envelopper d'un nuage la figure de nos vieilles humanités, par énerver leurs vertus et énergies propres, par amoindrir leur autorité, comme il arrive à toute chose qui quitte la ligne de sa nature et de son but naturel. Mais ces déviations venues de certains courants d'idées très répandus au dix-neuvième siècle ne sauraient être corrigées que par une influence du même genre que celle qui les a produites, je veux dire par le libre mouvement des idées guidé cette fois par une critique plus saine. Ce n'est pas une question de règlements et de plans scolaires. Et à cet égard, nous ne sommes point dans une mauvaise voie.

Cette cause d'affaiblissement n'était pas la seule dont souffrissent les études. Il y en avait une autre, d'origine politique et sociale, celle-ci, par là même plus dangereuse, mais aussi donnant prise à l'action des puissances publiques. Antérieure aux réformes, elle n'est pas devenue, depuis, moins active ni moins menaçante et ses effets ne tarderaient pas à s'affirmer mortels pour les humanités, s'ils n'étaient enrayés par la volonté énergique de l'État. L'État ne saurait rester neutre à son égard. Il faut qu'il la favorise ou qu'il se mette en travers.

Sous l'ancien régime et jusque vers le milieu du dix-neuvième siècle (je donne approximativement cette indication d'époque, il est téméraire de préciser la date d'un changement de mœurs), la bourgeoisie française était très attachée aux études classiques. Rien de plus naturel. L'esprit de ces études correspondait aux fonctions publiques dont elle avait la charge et où elle trouvait, en même temps que sa destination sociale, son honneur : fonctions parlementaires, judiciaires, administratives, universitaires, ecclésiastiques et aussi (depuis la Révolution) militaires. Il était nécessaire d'avoir fait ses humanités pour remplir ces fonctions. Il était nécessaire d'avoir fait ses humanités pour être un bourgeois. On peut donc dire, dans le langage des doctrinaires socialistes, sauf à donner de la chose une interprétation tout opposée à la leur, que le fait d'avoir passé par les humanités constituait pour la bourgeoisie une marque distinctive de classe. Il la constituait si bien qu'il était la plus sûre ou plutôt l'indispensable porte d'accès dans cette classe pour qui n'y était pas né. Le fils de paysan, de boutiquier, d'ouvrier, auquel une bourse de l'État ou de l'Église ou bien le bas de laine paternel permettait de faire ses études classiques, devenait un bourgeois. S'il arrivait que la mauvaise fortune ou ses défauts personnels l'empêchassent, ses diplômes obtenus, de faire une carrière régulière dans la bourgeoisie, il devenait un déclassé.

L'extraordinaire développement de l'industrie et du commerce, qui a commencé sous Louis-Philippe, a eu, entre autres conséquences, celle de déplacer ces anciens confins, de modifier, de bouleverser quelque peu cette ancienne figure de la bourgeoisie de notre pays. Beaucoup de fortunes se sont faites sans l'aide des humanités et des diplômes. Et leurs heureux réalisateurs, ambitionnant naturellement pour leurs fils le cachet social qu'elles ne suffisaient pas à conférer, l'ont demandé à la seule épreuve dont il pût être la récompense : aux études classiques. Il est arrivé bien souvent qu'elles trouvassent dans ces nouveaux venus des nourrissons dignes d'elles. Mais dans l'ensemble, l'effet de ces motifs de recrutement nouveaux a été de leur faire perdre quelque chose de leur ancienne noblesse et pureté de destination. Il en est résulté aussi qu'étant moins aimées pour elles-mêmes, elles ont été moins aimées. A l'affection, à la foi, au sérieux et raisonnable enthousiasme dont elles étaient l'objet et dont la tradition demeure d'ailleurs vigoureuse chez beaucoup de Français, se sont mêlés des mouvements d'humeur, de bouderie, d'impatience à leur endroit. On les a considérées comme un luxe ou comme une épreuve indispensable dans une certaine position sociale, mais comme un luxe bien coûteux et une épreuve bien importune.

Cette situation a été comprise, voici bien longtemps, par plusieurs directeurs de notre instruction publique, et notamment par Victor Duruy. Ils se sont demandé si elle n'appelait pas une création scolaire appropriée et s'il n'y avait pas lieu d'instituer, à l'usage de catégories sociales en quelque sorte nouvelles, un nouveau type d'enseignement, type intermédiaire entre le primaire dont l'humilité ne pouvait suffire aux besoins, aux légitimes aspirations, aux convenances manifestes d'un certain état, et le classique dont il n'avait ni le besoin ni le désir réel. De là ces essais qui se sont appelés successivement enseignement *spécial*, enseignement *français* et enseignement *moderne*, et qui n'ont pas été, d'ailleurs, en s'améliorant, le premier ayant été le meilleur parce qu'il répudiait franchement toute singerie du classique et le troisième, le pire, pour la raison opposée. Il s'agissait, non seulement de fournir au gros de la bourgeoisie industrielle et commerçante (et aussi à toute une portion de notre fonctionnariat) une éducation propre à la satisfaire, sans l'importuner, mais encore de conserver par là même à l'enseignement classique, avec la plénitude de son droit d'être, sa pureté et sa force. La lacune existe toujours et il faut la combler. Subsistant, elle trouble tout. Un enseignement, non pas classique sans latin, mais *secondaire* sans latin, s'écartant au contraire franchement du type classique, ne visant pas à la finesse de culture littéraire, mais à la solidité et à la cohérence des notions dans des limites fermement fixées, prenant cinq ou six ans, sanctionné par des examens sérieux, mais ne donnant pas accès aux professions libérales, voilà l'institution qu'il faut créer.

La tâche est d'autant plus urgente que l'esprit égalitaire ne demande qu'à mettre à profit ou plutôt met depuis longtemps à profit les causes qui font vaciller l'enseignement classique sur ses bases. L'enseignement classique est un enseignement « de classe » (entendez : de classe sociale). Il est la principale force de défense de la bourgeoisie ! Il fait une aristocratie de plus ! Ces lumineuses maximes ont eu une plus grande part que beaucoup ne le savent dans l'inspiration de réformes dont j'ai essayé de marquer les résultats acquis, mais dont il faut surtout ne pas oublier la nette tendance : exhausser progressivement le primaire à l'aide d'additions et de superfétations qui n'en modifieront pas l'esprit, de manière à lui donner l'accès immédiat au *supérieur* et ôter ainsi définitivement toute raison d'être au secondaire classique.

*
* *

Ces faits, ces raisons dictent à l'État son devoir. Il doit se demander si, oui ou non, la conservation et la vigueur de l'enseignement classique sont nécessaires pour maintenir à leur juste niveau les professions et les études à l'égard desquelles elles passèrent toujours pour une préparation requise. Il doit se demander si, oui ou non, la floraison de l'enseignement classique est nécessaire pour maintenir cette civilisation supérieure de la France qui est demeurée, à travers ses périodes d'obscurcissement, une source sûre de notre force et la plus évidente raison de notre crédit moral dans le monde. Si c'est oui, qu'il prenne les mesures d'autorité réparatrices.

Est-il assez fort pour le faire? Il le sera, s'il s'appuie sur ce qui ne demande qu'à le soutenir, sur les forces et influences sociales intéressées par leur nature même à la prospérité de la culture française, sur toute cette élite lettrée de notre pays que les circonstances hostiles, les brimades d'une époque de nivellement et d'argent n'ont pas détruite, mais qu'elles ont réduite à un état de dispersion et d'impuissance. Par le fait seul d'agir dans le sens de ses vœux les plus élémentaires en matière d'instruction publique, l'État contribuera à lui rendre sa cohésion, sa vive action, si naturelle dans le milieu français, et ainsi il se sera créé à lui-même une défense contre la lourde conspiration d'hommes et de choses qui menace l'existence des études. Il y a trop longtemps que les relations de l'État français avec l'élite intellectuelle ne sont plus bonnes, soit que cette élite professe des opinions contraires à notre régime politique, soit qu'elle en ait de favorables. (Dans le premier cas elle exprime ses griefs par quelques journaux; dans le second, elle les répand dans les conversations.)

L'État trouvera un soutien aussi dans la liberté d'enseignement, à condition qu'elle soit pour lui, non une de ces ingrates obligations auxquelles on rechigne en s'y conformant, mais une coopération dont on se félicite. La liberté d'enseignement est chère à beaucoup d'esprits pour des raisons juridiques et abstraites, hautement respectables et qui ont, j'en suis sûr, une grande valeur ; il est permis d'être plus sensible aux raisons qui se tirent de l'intérêt positif de l'enseignement lui-même et des exigences de la culture française. La considération des bienfaits de la concurrence, pour être sans cesse alléguée, n'en est pas moins décisive. On la présente sous un jour plus élevé, et qui n'est pas moins vrai, en disant que la culture universitaire et la culture catholique (je parle ici de culture profane et me place en dehors du propre domaine de la religion) concourent à entretenir dans ce pays une certaine plénitude d'atmosphère pour l'intelligence.

Il n'est pas vrai, comme on le dit trop, que les études classiques ne conviennent qu'à une élite. Elles conviennent à une catégorie de la jeunesse française qui n'est pas plus une élite que toute autre catégorie, mais est une moyenne qui a une élite. Les humanités profitent à cette élite et par là elles conservent à la France cette fécondité littéraire et scientifique qui serait, conformément aux vœux et aux décrets du professeur Ostwald, promptement tarie par leur ruine. Elles portent pour cette moyenne des fruits de raison, de bon sens, d'ouverture d'esprit et de cœur, d'élévation morale. Les lettres sont des nourrices très abondantes et très généreuses et il n'est pas nécessaire d'avoir été un fort en thème pour garder d'un commerce même un peu indolent avec elles de précieux fruits. Et les études classiques profitent à la nation tout entière par le contact et les mille échanges perpétuels de ceux qui ne les ont pas faites avec ceux à qui elles ont été réservées. Les laisser tomber ce serait changer et abaisser la France. Ce serait mutiler, dans le visage de la France, certains de ses traits les plus beaux.

# QU'EST-CE QUE LA CULTURE GÉNÉRALE?

L'agréable et utile petit traité sur *l'Art d'apprendre*, récemment publié par M. Marcel Prévost, est une réponse à la question suivante posée par l'auteur aux premières pages de son livre et dont la grande portée est assez manifeste : « N'est-il pas possible, dans notre société haletante, avide de tout, même de savoir, n'est-il pas possible de restaurer une figure moderne de *l'honnête homme* adaptée au temps présent? Ne vaut-il pas au moins la peine d'essayer? La disparition de ce type admirable semble due surtout à ce que la bonne volonté de nos contemporains, prise entre l'accroissement des choses à savoir et la diminution du temps pour apprendre, se trouve neutralisée et inefficace... » Cette difficulté à deux branches, très frappante au premier abord, ne semble pas insurmontable à M. Marcel Prévost. Et sans doute songe-t-il que, si elle était surmontée, s'il se reconstituait dans notre société une élite assez nombreuse, possédant une véritable culture générale de l'esprit (c'est ce qu'on entendait autrefois par l'honnête homme), cette société halèterait moins. La part d'impulsive anarchie et de versatilité futile que nous n'avons que trop l'occasion et la désolation d'observer dans ses idées, ses goûts et ses mœurs, en serait certainement amoindrie. L'aréopage anonyme des honnêtes gens, au vieux sens du mot, assez largement recruté pour former une véritable autorité sociale, agirait sur l'esprit public, sur les lettres et les arts, non point par les décrets bornés et suspects d'un dogmatisme quelconque, mais par la naturelle et noble influence de cet équilibre, de cette ouverture, de ce naturel et de cette élévation dans les vues qui dominent tous les dogmatismes et où parvient normalement, dans sa maturité virile, une intelligence à laquelle rien d'humainement important n'est demeuré étranger. Mais l'ac-

quisition des connaissances si étendues, si
variées que ce résultat suppose, n'est-elle
pas devenue irréalisable dans une époque
comme la nôtre, terriblement affairée, sur-
chargée d'expériences et de notions de cent
mille espèces? La matière de tout ce que
l'humanité a vécu, traversé, exploré, connu,
rêvé, essayé, institué, organisé (et désor-
ganisé) jusqu'à nos jours, de tout ce qu'elle
poursuit et commence maintenant même,
n'offre-t-elle pas une masse tellement vaste
et complexe que ce doit être folie de l'imaginer rassemblée, ne fût-ce qu'en extrême
raccourci, sous la perspective d'une seule
tête? La question paraît d'autant moins
douteuse qu'elle n'est pas posée dans le
livre de M. Prévost au sujet d'un Pic de la
Mirandole ou d'un Faust, puits de science
par destination, mais à votre sujet, hommes
des diverses professions libérales, dessus du
panier du Droit, de la Politique, de l'Admi-
nistration, de la Médecine, de l'Armée, de
l'Industrie, qui ne voudriez pas rester cloî-
trés dans vos préoccupations professionnelles
et qui jugez n'être pas pleinement hommes, si,
parmi les richesses de l'esprit humain, il en

est auxquelles vous ne possédiez aucun accès. L'absorption croissante du métier et les dimensions bientôt monstrueuses de l'Encyclopédie ne conspirent-elles pas à faire de ce désir un vain rêve auquel l'humanité moderne est contrainte de dire adieu?

M. Marcel Prévost ne l'a point pensé et je l'en félicite. Des deux obstacles qui paraissent barrer à un homme de nos jours les voies d'une culture générale, il considère surtout le premier : le défaut de temps. Avec une grande habileté de moraliste pratique il enseigne à le tourner. A coup sûr, sa méthode ne servira qu'à ceux-là que le but passionne. Mais à ceux-là elle servira. Même dans l'existence la plus prise par le métier, on trouve du temps pour se cultiver et s'instruire, quand on a une âme ardente et curieuse qui en sent le prix et qu'on apporte quelque art dans l'emploi des courts loisirs. M. Prévost est excellent à écouter là-dessus.

Je considérerai le second obstacle qui ne peut d'ailleurs se séparer du premier : la quantité des choses à étudier, des livres à lire, si l'on veut avoir un esprit averti de tout, sensible à tout. Et je dirai qu'il n'est pas, tant s'en faut, si fabuleux, si énorme que de grossières apparences, soutenues par les préjugés d'une fausse philosophie, le font penser à beaucoup de gens. Il se laisse fort bien attaquer et vaincre, à condition qu'on l'aborde du bon côté et qu'on ait de bons guides pour cela. Mais il faut diviser la question et l'appliquer successivement à la culture littéraire, à la culture philosophique et à la culture scientifique. Car c'est cet ensemble qui, sagement distribué, constitue une culture humaine digne de ce nom. Un esprit à qui l'un ou l'autre de ces trois domaines serait entièrement fermé (on en voit, hélas ! de tels parmi ceux-là mêmes qui prétendent instruire et diriger leurs contemporains) serait faussé dans son développement et aurait fatalement des parties infirmes.

Je comprends sous le nom de littérature toutes les sortes de livres où l'on sent battre le cœur, palpiter la vie, rêver et s'élancer l'imagination de l'humanité, les œuvres de la poésie et de la fiction, les récits de l'histoire et ces compositions mystiques, mythologiques et morales, comme les *Védas*, la *Bible*, le *Coran*, où les grandes religions du

genre humain ont pris leurs sources. Une
culture littéraire générale implique la connaissance de toutes ces sortes d'ouvrages
dans tous les temps et tous les pays qui en
ont produit et qui ne sont d'ailleurs qu'un
petit nombre par rapport à la masse numé-
rique de l'espèce humaine. Une culture littéraire générale, c'est la connaissance de toutes
les grandes littératures.

Hé quoi ! va-t-il falloir lire cinquante mille
volumes ! Et quand on se restreindrait aux
chefs-d'œuvre les plus authentiques, à ceux
que consacre le suffrage universel des générations, quelle existence, ayant par ailleurs
ses devoirs et ses soins, y pourrait suffire?
On n'arriverait au résultat cherché que sur
le tard d'une longue vie. Et que peut valoir
cette complète culture, si elle ne s'épanouit
pas avec l'âge où le cœur et la tête ont encore
toutes leurs forces?

Le problème serait insoluble si les grandes
littératures étaient comme autant de mondes
différents, où se révèlent autant d'humanités
différentes et qu'on pût ainsi en avoir parcouru quelqu'une à fond sans avoir acquis
aucune lumière sur les autres. Les conquêtes

de l'érudition moderne, qui nous en ont appris plus que n'en savaient nos pères sur les caractères propres des époques, des peuples, des races, ont fini par nous donner une idée exagérée de la diversité morale de l'humanité. L'influence de la philosophie historique et évolutionniste des Allemands a beaucoup contribué à ce résultat qui a eu son utilité et qui a grandement élargi notre horizon. Mais ce point de vue ne doit pas devenir exclusif, ni la suite des littératures nous apparaître sous le seul aspect d'une longue histoire dont il sera nécessaire d'avoir étudié tous les chapitres pour la connaître. Il faut aujourd'hui mettre l'accent sur l'unité de l'humanité et, sans rien abandonner des enrichissements de nos connaissances psychologiques, revenir à la naïveté de nos aïeux qui passaient aisément d'Homère aux prophètes ou aux Psaumes, de Virgile à l'Évangile ou à saint Augustin, sans se soucier des caractères distinctifs et des définitions respectives du génie grec, du génie latin et du génie hébreu. Ils trouvaient dans ces grands livres autant de sources de vastes pensées, de hautes méditations, de magnifiques sentiments, bref une nourriture pour l'âme et comme un principe d'exaltation de tout ce qui les faisait hommes. C'est ce que nous devons recommencer à y chercher principalement, et cela, nous l'y trouverons sans le concours de tant de dictionnaires. Croiriez-vous que j'ai lu récemment sous une plume universitaire que nous ne pouvions pas comprendre Corneille sans un lexique pour expliquer les allusions contemporaines ! C'est une folie pédantesque, encore qu'il soit intéressant de connaître les allusions et les clefs de Corneille, si au moins elles ne sont pas forgées ; mais c'est une curiosité bien secondaire. Je crains que Taine et son école n'aient grandement contribué à affaiblir chez les hommes d'aujourd'hui le goût de la lecture et vraiment à leur désapprendre à lire, en les inclinant à regarder les chefs-d'œuvre littéraires du passé comme des fontaines de renseignements et non des fontaines d'ennoblissement et de jouissance.

Il importe que l'on connaisse toutes les littératures, si l'on veut être un esprit cultivé, non point parce que l'humanité qui a écrit et fait entendre sa voix sous le ciel est plusieurs hommes qui sont venus successivement et se sont tour à tour évanouis de la scène (en ce cas il serait bien vain de courir après une totalité d'information qui serait comme une addition sans total), mais pour la raison inverse : parce que cette humanité est, selon la vue de Pascal, un seul homme qui se cherche à travers mille expériences, dans le dédale de la nature et de la destinée, et qui continue de se chercher en nous, si nous avons une âme vivante et un sang chaud dans les veines. Il importe que l'on connaisse toutes les littératures pour le même motif qui empêcherait de supporter des lacunes considérables dans la biographie d'un individu, chargé d'aventures, d'entreprises, de calamités et de fortunes, et de qui la nature, le développement personnel ont ce qu'il faut pour inspirer une curiosité passionnée. Ici, c'est de l'être le plus passionnant pour nous qu'il s'agit, d'un être qui est nous-même, du genre humain. Quelles années, quels siècles, quelles pérégrinations de l'âme humaine écarterons-nous du champ de notre étude, sous prétexte d'en ramener les proportions à notre portée? Sera-ce la Grèce ou Rome ou Jérusalem ou le Moyen Age ou la Renaissance ou quelqu'un de nos derniers siècles français, ou l'Angleterre, l'Italie, l'Allemagne? Nous sommes aujourd'hui les héritiers et les débiteurs de tout cela. Tout cela nous a faits. Biffer de nos soucis, par une économie d'efforts bien mal comprise, quelque partie essentielle de ce vaste héritage, ou du moins en reléguer la connaissance au rang des spécialités faites pour quelques curieux, mais non pour l'homme cultivé en général, ce serait couper quelques-uns de nos canaux nourriciers, vouer les générations prochaines à un amaigrissment intellectuel et poétique déplorable. Travaillons, au contraire, à extraire de cet héritage ce qu'il a de meilleur pour en composer un miel riche de tous les sucs humains.

Le lecteur voit, j'espère, la solution pratique, en ce qui concerne au moins la culture des lettres, du problème proposé par M. Marcel Prévost. Une initiation à toutes les grandes littératures demeure possible, nonobstant l'accumulation des siècles littéraires, parce que ces littératures, vues d'un peu haut, sont une même littérature qui se développe et rayonne en tous sens. C'est une conversation qui se poursuit. Les grands

chefs-d'œuvre en sont les propos dominants.
A condition qu'on les écoute bien, ils contiennent toute la substance de la conversation et dispensent d'en suivre le détail. On
le devine. Les écrivains moindres répètent
ce que les plus grands ont dit. L'homme
qui n'a que peu de temps à donner aux
lettres doit s'en tenir à ces derniers et les
approfondir. Il doit les lire et relire, lentement et en s'aidant, dans une très discrète
mesure, des commentaires critiques qu'ils
ont pu inspirer. Mieux vaut encore les com-
menter par soi-même. En les pratiquant
assidûment, on y trouve peu à peu tout ce
qu'y ont trouvé les commentateurs les plus
perspicaces. Et c'est un grand gain organique pour l'esprit de l'avoir discerné sans
aide ; il en retire des forces avec lesquelles
il extraira plus vite et plus sûrement la moelle
de son livre de chevet dans la prochaine
saison. La bibliothèque littéraire de l'honnête homme ne comporte pas beaucoup de
volumes. Et, s'il y en a de dépareillés, mais
que les feuillets en soient jaunis, je suis ras-
suré, il sait lire, il lit pour son plaisir et son
accroissement, pour « agrandir sa vie »,

comme dit M. Marcel Prevost. Il lit avec son âme, non avec ses besicles.

J'irai plus loin. Il n'est pas nécessaire qu'on ait lu tous les grands chefs-d'œuvre pour parvenir à une très belle culture. Un très petit nombre, choisi tel cependant que toutes les grandes civilisations y soient représentées, sera suffisant, s'il a été étudié avec amour et pris comme matière d'une analyse attentive, d'un exercice complet de l'intelligence. A ce travail, l'intelligence acquiert des lumières qui lui permettent de se former par la lecture des bons précis d'histoire littéraire une notion convenable de ce qu'elle a dû négliger d'important. Si vous possédez bien l'âme de deux ou trois tragédies de Sophocle, et que vous n'ayez pas le temps de connaître Euripide, ce que MM. Croiset ou, plus modestement, le bon Deltour ont écrit de pertinent sur Euripide sera pour vous plein de sens et de vie. Mais si vous lisez cette histoire ou ce manuel, sans avoir pénétré par vous-mêmes aucun des chefs-d'œuvre de la poésie grecque et afin d'y apprendre, comme dans un dictionnaire de la conversation, ce que fut cette poésie, vous n'en retirerez que bavardage.

Mais je parle d'auteurs grecs, latins, anglais, allemands, comme si cela s'abordait, matériellement au moins, avec la même facilité que *les Trois Mousquetaires*. Est-ce donc en traduction qu'il faut les lire? Nous voici devant la question des langues.

# L'ÉTUDE DES LANGUES VIVANTES

C'est beaucoup de savoir une langue. On peut dire qu'au point de vue de la culture générale de l'esprit, il y a infiniment plus de différence entre ne savoir aucune langue et en savoir une qu'entre en savoir une et en savoir deux ou même plusieurs. Pourquoi? Parce qu'une langue étrangère, ce n'est pas seulement un vocabulaire différent de notre vocabulaire natal, c'est un autre système de pensée. Quand une fois on s'est rompu à la pratique d'un autre système de pensée, on a accompli sur soi-même une sorte d'acte transformateur, on n'est plus le même homme. On s'est élargi. On a acquis une aptitude générale qu'on peut ensuite appliquer à bien des objets, mais qui est entière, indépendamment de ces

applications. On a fait un premier voyage
par lequel on s'est affranchi des timidités
casanières. On n'est plus enfermé dans sa
propre langue. On a la pratique de l'éva-
sion. On a le sens des langues en général,
gain intellectuel que rien ne remplace.

La langue étrangère par laquelle il faut
commencer, dit M. Marcel Prévost, c'est le
latin. Si l'on n'en doit posséder qu'une, que
ce soit celle-là. Le latin est l'instrument le
plus puissant, la voie la plus courte pour
apprendre le français et pour l'apprendre à
fond. Tout a été dit là-dessus. Et des esprits
faux sont seuls à le contester.

On a dit et répété que l'utilité de la langue
latine apprise au collège ne cesse pas du
jour où, faute d'exercice, la plus grande
partie de ce que nous en savions nous est
sortie de la mémoire. C'est fort juste. Le
bénéfice durable des études latines tient à
la force, à la précision, à la finesse des actes
intellectuels qu'elles nous ont obligés d'accomplir pendant les années plastiques de
l'enfance et de l'adolescence et qui nous ont
pour toujours assouplis et trempés. Cependant, pour peu qu'on ait été bon élève, on

n'oublie pas comme cela son latin. Il ne faut pas une longue reprise de contact pour que l'image effacée s'en ravive. Et de ce contact nous trouvons la douce occasion dans les études de nos fils. Ah! ne la laissez pas échapper. Pères de famille, quelles que soient vos occupations au dehors, arrangez-vous pour trouver, de temps en temps, l'heure nécessaire pour recommencer vos classes avec vos garçons. Quel rajeunissement du cœur vous y puiserez, je serais confus de le dire. Mais aussi quel substantiel profit de l'esprit! Le rudiment contient tout pour qui l'observe et le pénètre d'une pensée assez attentive. Le revoir, le reprendre avec un esprit expérimenté et mûri, c'est une délectation. On redécouvre l'Amérique. Et l'enfant y a tout profit ; car par la voix du père lui reviennent fraîches et vives mille choses qui s'étaient un peu ternies à l'inévitable routine du professeur.

*
* *

Je ne parlerai pas du grec. Certes il est admirable qu'on le sache. Mais, comme il

faut se borner, je crois que la possession
du latin et d'une langue moderne est, en
général, plus à conseiller que la pratique
des deux langues antiques sans langue moderne. Nulle langue moderne n'est aussi belle
que la grecque. Mais celle-ci est vraiment
pour le profane auquel je songe, pour l'honnête homme qui ne peut dérober à sa profession qu'un temps borné, une étude trop
difficile. Je serais ravi que nous eussions des
magistrats, des préfets, des généraux, des
sénateurs hellénisants. Je crains que le vœu
en fût un peu vain. Souhaitons que pour
cette connaissance de la littérature et de la
civilisation grecque dont il ne peut se passer,
l'honnête homme trouve des traductions
fortes et fines (il en est) et des instruments
de vulgarisation exquise.

L'homme cultivé doit connaître une des
grandes langues modernes et la connaître
très bien. Il n'y a pas de véritable culture
sans cela. Et ce n'est pas un but bien malaisé
à atteindre.

Il faut distinguer entre la connaissance
pratique et usuelle des langues vivantes et
leur connaissance grammaticale et littéraire.

C'est de celle-ci que je parle. La connaissance pratique, celle d'un portier de palace, d'un cicerone de musée, n'a aucune espèce de valeur pour la culture intellectuelle. Elle est de nul usage pour l'étude des peuples et la pénétration des mœurs. Le vocabulaire qui permet de se commander un bain et de s'informer des lieux de plaisir dans une ville, n'est pas le vocabulaire avec lequel on entre dans l'esprit des gens qui offrent quelque intérêt et on peut causer avec eux d'homme à homme. Celui-ci est bien plutôt le vocabulaire des grands auteurs du pays, de ses classiques, s'il a des classiques. Quand on le possède, on pourra dans une assemblée d'étrangers avoir une apparence un peu archaïque qui prête à sourire ; on dominera la situation. J'en ai fait jadis l'expérience en Allemagne, bien avant la guerre, mais à un moment où les circonstances internationales déjà irritantes excitaient le pangermanisme naissant du milieu universitaire où je me mouvais. Tout mon allemand, je l'avais puisé dans les *Mémoires* de Gœthe, livre dont je m'étais presque exclusivement servi pour l'étude de la langue et dont je savais un tiers par cœur. Mon langage puisait à cette source une dignité un peu roide dont je sentais moi-même l'imperceptible comique, mais qui les impressionnait favorablement et qui suffit souvent à leur faire accepter ou tolérer mes jugements sur des matières où ils m'étaient fort hostiles. Je ne crois donc pas qu'il faille, comme les barbares instaurateurs de la « méthode directe » ou « méthode Berlitz » dans nos lycées, opposer l'étude pratique ou pragmatique et l'étude littéraire et esthétique des langues. L'étude littéraire est la véritable étude pratique, et c'est pourquoi nos lycées doivent franchement et pleinement y revenir.

Le courage est rare chez un jeune homme sorti du collège, de continuer l'étude de la langue vivante qu'il y apprenait, si du moins cette étude n'est pas exigée de lui pour quelque examen ultérieur. Se remettre à l'anglais, à l'allemand, à l'italien pour l'amour de l'art, non, cela n'est pas commun ! Et pourtant, si l'on voulait se représenter les jouissances attachées à l'accroissement d'étendue mentale et de puissance intérieure qui résulte de la maîtrise d'une langue vivante qui joue un grand rôle dans les affaires du monde, on n'hésiterait pas à se donner cette peine.

Et d'autant que, si l'on y porte un peu de méthode, elle n'est pas bien lourde. C'est, en somme, un petit effort entre dix-huit et vingt-cinq ans, que de se rendre maître d'une angue dont on s'est approprié sur les bancs de la classe le rudiment grammatical. En six mois, on y peut faire des pas de géant. Prenez un auteur de moyenne force, traitant de matières qui vous soient parfaitement connues par ailleurs; lisez-en cinq lignes tous les jours, mais (ceci est primordial) sans vous servir du dictionnaire et en vous aidant de vos connaissances préalables, du contexte, de la logique, de tous artifices possibles pour obtenir *par raisonnement* le sens des mots. Le résultat, moyennant quelque obstination, vous abasourdira. Le sens des mots cherchés dans le dictionnaire s'oublie, se perd à mesure qu'il s'acquiert; c'est le tonneau des Danaïdes. Le sens appréhendé au terme d'un acte énergique de réflexion se grave à jamais dans la mémoire. Et au bout de peu de temps on a un vocabulaire considérable. Je n'ai pas inventé la recette. Elle est fort connue. Elle ne l'est pas tellement que peut-être je ne rende service à quelqu'un de mes lecteurs en la lui expliquant.

*<br>* *

« L'homme qui sait deux langues, a dit Montaigne, vaut deux hommes. » Ce mot contient la philosophie de la question, mais en partie seulement. Il demande un correctif. Nous pensons dans une langue, dans notre langue maternelle. Et nous avons de la personnalité dans la mesure de la vigueur, de la clarté, de l'originalité avec laquelle nous pensons. Est-ce qu'une seconde langue, dès lors qu'elle s'assimile un peu profondément à notre esprit, ne vient pas, mêlant son rythme propre au rythme de la langue natale, y troubler les opérations supérieures de la pensée et par suite affaiblir et banaliser le caractère de la personne? Appliquons la question à la nation tout entière : est-ce que notre élite française, à force d'absorber de l'anglais et de l'allemand, ne va pas y noyer sa personnalité nationale?

Le préservatif contre ce réel péril est assez manifeste. Il faut qu'une très forte culture française précède l'entrée des langues étrangères dans notre esprit. Il faut savoir très bien le français avant de commencer l'anglais et l'allemand. Et, tandis qu'on s'adonne à l'étude de ces langues, il est nécessaire qu'on se confirme et se fortifie dans la possession du français, dans le sens intime et profond du français, par une fréquentation assidue des écrivains qui, comme Racine, La Fontaine, Voltaire, l'ont écrit avec la plus merveilleuse pureté. Ainsi la langue étrangère sera reçue dans les casiers de notre intelligence comme une invitée à qui l'on mesure convenablement sa place et ses droits, non comme une seconde maîtresse du lieu.

Au collège, contrairement à la détestable pratique actuelle, l'étude des langues vivantes ne devrait pas être commencée avant l'année de quatrième. C'est le moment où la possession du vocabulaire français, de la syntaxe française est devenue assez ferme chez l'enfant pour défendre son tendre cerveau contre les confusions d'un bilinguisme mental qui doit être évité à tout prix. De plus, à cet âge, l'étude de la langue étrangère doit être, avant tout, grammaticale. C'est-à-dire qu'on doit l'enseigner de telle façon qu'une comparaison continue se fasse dans l'esprit de l'élève entre les règles et propriétés de sa propre langue et les règles et propriétés de la langue étrangère. C'est le seul moyen qu'il ne se mette pas à parler allemand en français et à jargonner un produit linguistique international de son cru, cette espèce de *sabir* européen parlé par les princes dont l'enfance s'est écoulée au milieu d'une demi-douzaine de gouvernantes de tous idiomes. C'est le seul moyen que l'étude de la langue étrangère fortifie dans un jeune esprit le français au lieu de l'y détruire. Commencer l'étude d'une langue étrangère par la pratique, pour en venir ensuite à la grammaire et à la théorie, en d'autres termes, l'apprendre comme nous avons appris notre langue maternelle, voilà, au point de vue de la formation intellectuelle, une erreur pédagogique tout simplement monstrueuse.

# L'IDÉE D'HUMANITÉ

## (A propos d'un livre sur renan) (1)

————

Décembre 1895.

M. Séailles aurait pu intituler son livre :
*Essai de critique dogmatique.* Il ne s'est pas
proposé seulement de nous donner une fidèle
image de l'esprit et de la personne morale
de Renan. Il a écrit en vue et dans l'intérêt
d'une certaine philosophie qui lui est chère.

(1) Voici l'étude, assurément un peu juvénile, à laquelle
se rattachent les récits personnels dont je me suis permis
d'égayer ma préface. Si on la compare à celle donnée ci-
dessus, sur l'*Esprit germanique*, qui fut écrite six à sept
ans plus tard, on observera peut-être que mes vues, d'une
époque à l'autre, n'ont pas été s'élargissant, mais plutôt
se resserrant, je n'irai pas jusqu'à dire se rétrécissant. Mais
des perspectives en largeur et des perspectives en profondeur, si elles présentent des tableaux différents, ne se con-
tredisent pas. Il y a saison pour les unes et pour les autres.
En 1895, aussi attaché à notre patrie que j'ai pu l'être par
la suite, je croyais avec trop de naïveté qu'il était possible
de vivre pour la pensée pure. En 1902, les leçons de mon

Mais il s'est bien gardé de l'erreur de méthode et de goût qui eût consisté à réfuter en forme celles des thèses de Renan auxquelles il s'oppose, pour y substituer ses propres conclusions. Il a fait parler Renan lui-même. Il est parti de ce point de vue, que la complexité d'esprit de Renan est bien moindre et moins déconcertante qu'on ne se plaît à le croire et qu'elle se laisse ramener à des éléments assez simples. Les contradictions cherchées, les perpétuels retours, les énormes fantaisies dogmatiques ou sceptiques de sa philosophie ne s'expliquent pas par les libres et subites démarches d'une pensée maîtresse de détruire son œuvre et de la reprendre, mais lui sont prescrites par la logique de certaines idées arrêtées dès le début et tenacement gardées. Selon M. Séailles, les moindres nuances par

long séjour en Allemagne et le spectacle de la guerre intérieure des Français m'avaient fait une âme très vivement alertée pour le salut national, qui est la condition fondamentale de tous les autres biens et, au premier chef, de la liberté intérieure et du généreux essor de la pensée. Cette préoccupation ne troubla pas en moi le souci du vrai. Mais elle dicta le choix des vérités sur lesquelles je m'efforçais alors d'attirer l'attention publique.

où a passé la pensée de Renan ne sont que les moments de cette dialectique intérieure sur laquelle son caprice peut si peu que c'est elle, au contraire, qui, par son mouvement sans arrêt, le condamne aux oscillations qu'on lui reproche. Cette vue d'ensemble a dicté à M. Séailles sa méthode. Elle est historique. Il n'a pas divisé sa matière en titres abstraits et traité à part Renan historien, Renan philosophe, etc. Il a suivi, période par période, la carrière fournie par son auteur, en s'efforçant de dégager la loi qui la détermine. Il a pu ainsi dérouler sans heurt ni effort sensible les aspects si divers et si contrastés de son sujet, passant du philosophe à l'historien, du rêveur au moraliste et au polémiste avec quelque chose de cette intime et plastique continuité qui fondait toutes ces sortes d'esprits et de talents dans l'unité expressive d'une physionomie morale si particulière. Nous n'entreprendrons pas de résumer l'étude de M. Séailles. On ne fait pas le portrait d'un portrait. Tout ce qui est d'observation morale, d'esprit, de finesse, de goût littéraire, porte sa vérité dans son expression même. Mais cet ouvrage, avons-nous dit, a une fin dogmatique. Il représente un véritable drame d'idées, dont M. Séailles a décrit les péripéties, dont nous voudrions, après lui, indiquer le fonds. Ces idées appartiennent à l'époque plus peut-être qu'à Renan luimême. Mais en les embrassant avec ardeur, en les poussant dans toutes les voies à leur dernière conséquence, Renan a offert une vivante épreuve de leur valeur. C'est là, croyons-nous, l'essentiel, sinon le plus attrayant de la tentative de M. Séailles. C'est de ce côté seulement que nous la prendrons.

*<br>* *

M. Séailles a raison d'admettre que Renan ne fut pas enlevé à la foi de sa jeunesse par quelques remarques d'exégèse en contradiction avec le dogme catholique, mais par un lent et profond travail qui en avait peu à peu détaché sa conscience et son imagination tout entières. Le livre où vers vingt-cinq ans il se déchargea de toute sa pensée et où il raconta, avec une clarté décisive, son histoire intérieure, *l'Avenir de la science*, est, en effet, l'exposé d'une philosophie. Renan prétend extraire sa conception générale des choses de ce que la science lui a appris. En cela, il se tient sur la grande ligne de la spéculation moderne qui, depuis Bacon et Descartes, a trouvé dans une réflexion systématique sur la science, sur ses principes ou sur ses généralités, sur ses données premières ou sur ses résultats, sa plus ordinaire assise. Seulement, chez Renan, l'esprit le plus réceptif et le plus avidement ouvert aux fécondes influences, aux riches et généreux courants de son époque, cette réflexion devait se produire dans des conditions assez nouvelles. Il importe de les définir.

C'est, en effet, en deux sens très différents que le cartésianisme, d'une part, et les philosophies scientifiques du dix-neuvième siècle, d'autre part, peuvent se donner pour des spéculations sur la science. Il ne faut pas dire que Descartes se passe de l'expérience. Mais l'expérience la plus profonde porte, selon lui, sur un objet universel et vrai dont les données sensibles de la perception, matières immédiates des recherches physiques, ne sont qu'un revêtement, contingent dans sa forme et tout relatif à nos sens. Et c'est

là aussi la conception de Kant, à ceci près
que cet objet universel n'a pas à ses yeux
de vérité intrinsèque et n'offre que la condition intellectuelle générale de toute connaissance particulière possible. Aussi la consultation de la science sur laquelle ces deux
philosophes s'appuient, précède-t-elle tout
développement empirique de la science. Au
point de vue où ils sont placés, les diverses
lois physiques que la recherche expérimentale
mettra progressivement au jour ne sauraient
mériter l'attention directe du philosophe. Car
elles ne tirent pas leur nécessité et par conséquent leur vérité de la nature des termes
entre lesquels elles établissent des rapports,
mais seulement de la nécessité universelle
à laquelle elles ramènent implicitement chaque
cas particulier. Pour Descartes et Kant enfin,
l'idée de la nature est antérieure aux résultats
de l'étude expérimentale de la nature, et c'est
elle qui les rend vrais. C'est, au contraire,
par l'établissement positif des lois de la
nature, considérées dans leur ensemble, tenues
autant que possible toutes à la fois présentes
à l'esprit, afin d'y être largement et finement
interprétées dans leurs rapports les plus gé-

néraux et les plus expressifs et dans leur vaste balancement, que l'école positiviste espère atteindre à une conception solide et pleine du système des choses.

Voici, en outre, une observation qui éclairera ce caractère tout synthétique de l'entreprise positiviste et montrera par quel côté surtout elle devait séduire la pensée jeune et ardente de Renan. Il est impossible, quelque consciencieuse ambition qu'on en ait, de faire figurer chaque espèce de science pour une égale part dans cette consultation générale de toutes les sciences. Elles sont, en effet, inégalement concrètes, c'est-à-dire inégalement inspiratrices. Des données de la physique et de la mécanique par exemple, lesquelles n'expliquent et ne décrivent que les actions les plus générales de la nature et n'en développent en quelque sorte que le canevas, on ne saurait tirer que la conception d'ensemble la plus indéterminée et la plus vide. Les forces mécaniques et physiques sont par elles-mêmes indifférentes à la vie et à la mort, à l'harmonie et au chaos, et c'est seulement sous l'influence de forces supérieures et d'un autre ordre que leurs actions, jusque-là éparses et stériles, se concertent, s'organisent et se font les propres ouvrières de la beauté du monde. Aussi, n'est-ce point sur ces sciences, toutes voisines de l'abstrait, que s'est portée d'ordinaire l'attention des positivistes, mais bien plutôt sur celles qui ont pour objet les œuvres concrètes de la nature. Et de ce fait, c'est de ce merveilleux mouvement scientifique qui, avec Buffon, Jussieu, Lavoisier, Lamarck, E. de Beaumont, Geoffroy Saint-Hilaire, a enfanté en moins de cent ans, la chimie, la géologie, la zoologie, la botanique et, coup sur coup, mis au jour de vastes régions inexplorées de la nature, qu'est née en partie l'idée positiviste. Qu'est-ce que cette grande esquisse vide du mécanisme cartésien à côté de cet ensemble de découvertes émouvantes qui semblent nous faire assister à l'histoire de la terre, à ses révolutions, aux premiers essais d'organisation végétale et animale, à toutes les phases de la vie universelle? Comment attribuer beaucoup d'importance à ce cadre tout théorique des choses, alors que nous pouvons nous rendre témoins du mode de production des choses? La véritable philosophie de la nature, c'est l'histoire positive de la nature. C'est d'elle qu'il faut se nourrir et s'inspirer.

La science ramenée à l'histoire, le devenir conçu, non plus comme un jeu confus d'apparences, à la surface d'un monde dont la réalité est raison et géométrie, mais comme la loi constitutive de la nature, c'eût été là le scandale de Descartes. Il n'y a pas de paradoxe à affirmer que ce fut l'idée maîtresse du positivisme. Mais s'il ne manqua point pour s'y arrêter de raisons tirées de la science, des motifs bien plus efficaces et d'un tout autre ordre l'y poussaient aussi. Nulle part ils ne se sont trahis mieux que chez Renan.

Le but affiché du positivisme, ce fut de constituer une philosophie de la nature, en en cherchant les principes dans la nature seule, non dans l'esprit. Mais il faut distinguer entre les prétentions, d'ailleurs sincères, de cette entreprise et l'inspiration d'où elle est réellement née, où elle a puisé sa hardiesse, par où elle a si fortement conquis l'esprit public. Nulle doctrine n'a répudié d'une manière aussi cassante toute intrusion de la volonté et du sentiment dans la spéculation.

Nulle n'a pris à l'égard de la vérité une attitude aussi passive. Nulle pourtant n'a subi au même degré la secrète incitation des rêves et des passions du temps. Si, dans la forme, elle s'est toujours étudiée à rester expérimentale et inductive, son intime visée et son ambition est bien plutôt morale, humanitaire et sociale que scientifique.Quand on ne prend du positivisme que la théorie des trois époques, la classification des sciences, le rejet de toute psychologie subjective et de toute science morale distinctive, en un mot l'enseignement sec et roide de Comte, il peut sembler étrange de ranger purement et simplement dans cette école un esprit aussi libre, aussi fin et aussi artiste que Renan. Mais si l'on descend jusqu'au cœur et à la racine psychologique de la doctrine, on en trouvera chez Renan une expression bien plus significative et plus vivante. Renan n'a pas été le disciple de Comte, l'influence propre de Comte sur lui a été à peu près nulle. Mais ils se sont, chacun selon sa nature et son art, proposé le même idéal, un idéal non pas spéculatif et abstrait, mais on peut dire religieux. Aussi intimement hommes de leur époque que Descartes et Spinoza le furent peu, ils en ont partagé les vœux et les espérances et ils ont eu l'ardeur d'y satisfaire. En dépit de certaines de leurs formules, leur philosophie n'est pas contemplative, mais militante. Comte l'a longtemps dissimulé aux autres et à lui-même. Avec cette sincérité morale et cette naïveté qui sont le meilleur de son génie et qu'il a portées (M. Séailles ne l'a-t-il pas un peu durement méconnu?) jusque dans les plus regrettables caprices et régressions de sa pensée, déconcertée et refroidie sur le tard, Renan proclamait dès le début de sa carrière que la fin de la science est exclusivement religieuse, que la spéculation scientifique n'a de valeur que parce que d'elle seule l'homme peut attendre le plein et définitif épanouissement de ces aspirations qui n'ont trouvé dans les religions de l'histoire que des satisfactions incomplètes et précaires. Le positivisme a pu, par la suite, se faire de plus en plus négatif et critique. Par ses origines, il fut une philosophie de foi. Il ne se proposait point de limiter l'âme, mais, au contraire, de lui ouvrir dans l'étude expérimentale de la nature et de l'humanité, le seul champ proportionné à ses vieux rêves.

En rejetant toute solution mystique et révélée des questions que l'humanité se pose sur elle-même, le dix-huitième siècle n'avait point, en effet, supprimé ces questions. Il leur avait, au contraire, conquis un intérêt nouveau et plus ardent. Il avait convié l'esprit humain à les reprendre au principe. Il en avait appelé de la tradition à la raison. C'était une nouveauté immense. Certes on ne saurait exalter la raison plus que ne l'a fait Descartes. Mais s'il en avait usé avec une entière liberté dans la recherche des principes de la nature, tout ce qui touche au développement historique et social, à la destinée collective de l'espèce humaine lui était resté assez indifférent. Et, à vrai dire, il n'accepta si facilement à l'égard de tels problèmes l'enseignement du christianisme, que parce que ceux-ci ne lui parurent pas comporter un examen dialectique et rationnel. La vérité, c'est le nécessaire. Et il n'y a de nécessaire en l'homme que la raison. Or la raison est tout entière dans une bonne tête. Et un quart d'heure donné à l'approfondissement de notre pensée, qui tient à la pensée universelle, est plus fécond que des années consacrées à éplucher les annales humaines. L'idée d'humanité, telle que le dix-huitième siècle l'a conçue, ne trouve donc point de place dans la philosophie cartésienne.

Cette idée, le dix-huitième siècle ne l'a point inventée. Il l'a reçue du christianisme, tandis qu'il le dépossédait. Le christianisme peut être entendu ou interprété comme une morale universelle. Pris dans sa lettre, il est une histoire, ou plutôt il nous présente le développement de la nature et de l'humanité comme une histoire, comme l'accomplissement dans le temps, d'un plan divin. Cherchant la vérité au-dessus du temps, dans l'éternel et le nécessaire, le rationalisme cartésien peut, à l'égard de l'histoire humaine, prendre deux positions. Ou bien l'accepter, telle que le christianisme la raconte, à titre de grand fait contingent, objet d'une volonté particulière de Dieu, non susceptible d'être déduit ; c'est le parti auquel s'est arrêté Descartes lui-même. Ou bien n'y voir qu'un jeu de passions et de volontés obscures, considérer l'infinie variété des institutions humaines dans le temps et dans l'espace, les fondations politiques et sociales de l'homme et les révolutions où elles ont péri, comme les effets d'une activité condamnée à ne rien produire que d'éphémère, parce qu'elle tourne le dos à la seule puissance véritablement efficace et créatrice : la raison ; tenir en conséquence pour l'idéal de la condition humaine un degré de vie rationnelle et morale où l'activité se tournant tout entière au dedans et ne se dépensant plus qu'en fruits intérieurs et spirituels, il n'y aurait, pour ainsi parler, plus d'histoire. Et ce me semble avoir été ici la conception de Spinoza. Le dix-huitième siècle s'est défait du christianisme. Mais il a perdu, du même coup, tout sens de la spiritualité. L'idée que l'homme ne puisse tendre à sa perfection véritable que par un développement intérieur lui est aussi étrangère que possible. Un siècle qui ne croyait pas à l'âme, ne pouvait pas chercher son refuge dans la contemplation philosophique ni dans la morale individuelle. Aussi n'a-t-il eu ni Spinoza ni Sénèque. Les esprits généreux de cette époque qui, parmi le désarroi et l'abandon sceptique de la société polie, ne cessent point de vouloir l'idéal, ne songent pas à se replier sur leur propre conscience pour l'y chercher. Ils ne le conçoivent que social, collectif. Ils n'ont pas foi à l'homme, mais à l'humanité. Le philosophe rationaliste croit au royaume de Dieu ; mais il l'entend d'une manière purement spirituelle et pense le porter en soi. Le christianisme rabat l'orgueil philosophique et extériorise à demi le royaume de Dieu, puisqu'en y promettant à l'homme le plus parfait épanouissement possible de son intelligence et de sa nature spirituelle, il en fait dépendre l'avènement d'une décision bienveillante et gratuite du Créateur. La philosophie du dix-huitième siècle qui en attend la conquête non de l'individu, déjà en possession de toutes ses facultés naturelles et par lui-même peu perfectible, mais de l'espèce, ne le nie point, mais l'extériorise complètement. Pris dans sa grande pensée (et c'est ainsi qu'il importe de tout prendre), le dix-huitième siècle a voulu, non seulement conserver à l'homme les espérances chrétiennes, mais encore les lui embellir. Seulement il les a rendues ter-

restres. Ce que la religion chrétienne pro-
mettait à une petite partie élue de l'humanité au nom d'un dessein surnaturel et providentiel, il l'a voulu faire espérer à l'humanité tout entière du développement de ses
forces immanentes. De là l'idée du progrès
qui a été la croyance de cette époque.

Cette croyance fut chez la plupart des
hommes du dix-huitième siècle affaire de
sentiment et de passion. Il s'agissait de la
rendre enfin philosophique, c'est-à-dire d'établir la réalité du progrès, en même temps que
d'en déterminer la forme et les conditions.
Une seule méthode était appropriée à cette
entreprise. Elle consistait à rattacher le progrès de l'humanité à l'ordre universel de la
nature et à l'en faire dépendre comme un
effet particulier d'une loi générale. Ce fut
le but et ce fut comme le levain de l'entreprise positiviste. Si la raison et la liberté
ne sont pas, en effet, comme le voudraient
les métaphysiciens, des puissances actives et
créatrices, mais des résultantes, des efflores-
cences de l'être, il est clair que l'humanité
n'a, à proprement parler, rien commencé,
rien inauguré sur la terre, et le mouvement

propre qui l'agite ne peut être que la suite
d'un mouvement qui a parcouru, avant de
se continuer en elle, tous les stades anté-
rieurs de la nature. Trouver la formule de ce
processus universel, décrire la série des transformations qu'il fait subir, par le seul fait
qu'il ne cesse pas de s'exercer, à l'obscure
matière primitive du monde, suivre cette
matière à travers la hiérarchie ascendante
des sciences, depuis son état le plus obscur
et le plus indéterminé jusqu'à son suprême
raffinement sous la forme de phénomènes psychologiques, moraux et sociaux, telle a été,
d'A. Comte à Spencer, la tentative de tous les
positivistes. Ils commencent au plus reculé,
à la nébuleuse, mais toujours en vue de conclusions concernant l'humanité et l'avenir de
son développement. Pour la philosophie cartésienne, les principes de la nature, étant
des principes de raison, développent simul-
tanément toutes leurs conséquences, bien
que la connaissance de celles-ci ne soit
pour nous que successive. Pour le positiviste, la succession et le changement ne
sont pas apparence, mais réalité. Le temps
n'est pas un prisme où l'immobile nature se

brise afin de se laisser recueillir par nos yeux. Il est le grand facteur de la nature. La catégorie de l'histoire est la plus haute des catégories et celle à qui toutes les autres empruntent leur vraie signification.

Que ç'ait été là l'idée dominante et peut-être même le seul principe de la philosophie de Renan, il suffira pour s'en convaincre de lire les chapitres spéciaux consacrés à ce sujet par M. Séailles. Que ç'ait été en même temps l'idée génératrice du positivisme, on en doutera peut-être. Il semble, en effet, qu'il n'y ait pas eu de génie moins historique, moins tourné à concevoir les choses comme « devenir » qu'A. Comte. Mais nous ne prétendons pas du tout décrire avec exactitude tel esprit ou tel système particulier. Le positivisme apparaît en lui-même et abstraction faite de ce qui caractérise en propre chacun de ses représentants, comme un grand mouvement d'idées et de sentiments, entraîné et conduit par une logique supérieure à la réflexion individuelle. Le positivisme n'est pas, comme le cartésianisme, une de ces doctrines intégrales et réfléchies, nées de l'effort intellectuel d'un seul homme qui,

se plaçant en face du seul vrai, s'affranchit
entièrement des préoccupations et des vœux
de son époque. Il est l'œuvre d'une époque.
Sans oublier la précision et la valeur de telle
ou telle des théories de détail qu'il a susci-
tées, malgré aussi sa sécheresse, il convient
de le traiter un peu comme ces grandes nouveautés morales ou même religieuses qui
surgissent, un jour, de la ruine d'opinions
séculaires et se font adopter pour un temps
plus ou moins long par l'esprit public. Il
faut pénétrer au delà de la lettre et des
formes jusqu'à la vivante genèse psychologique. La psychologie du positivisme a trouvé
chez Renan et spécialement dans *l'Avenir
de la science*, ce livre magnifique, prodigue
et charmant, ce réservoir où, selon la si
juste observation de M. Séailles, il est revenu
puiser jusqu'à la fin, son expression la plus
distinguée et la plus passionnée.

M. Séailles a su fort étroitement relier
Renan exégète, philologue et historien à
Renan philosophe. En consacrant la plus
grande part de son activité et de sa vie à
l'histoire, Renan ne crut pas entreprendre
œuvre d'art, mais œuvre de philosophie. Selon

lui, les mots âme, esprit, n'ont pas sans doute
ce sens métaphysique précis que les écoles
ont prétendu y renfermer. Mais ils désignent,
à coup sûr, ce que l'homme connaît et ressent
de plus intérieur, de plus profond dans la réalité : or, dans l'âme elle-même, quoi de plus
profond et de plus reculé que ces facultés
et puissances où les grandes créations religieuses et morales de l'humanité ont leur
source? Il pense donc que l'histoire des religions nous met au cœur des choses. En la revi-
vant par l'imagination, nous nous rendons en
quelque sorte participants du devenir sous
sa forme la plus réelle. Darwin, en dégageant
la loi qui domine le développement des
formes organiques, a été plus directement
philosophe que Descartes lui-même. Le philologue et l'historien religieux surtout le sont
encore davantage, en ceci qu'ils ont choisi
du développement universel la période que
toutes les autres préparent et qui les con-
sommera, la période de l'esprit.

C'est une idée à laquelle le Renan des dernières années nous avait habitués un peu trop,
que la critique détruit, stérilise, refroidit.
M. Séailles nous montre que ce n'était pas là

la pensée même de Renan, mais plutôt une abdication propre de sa pensée. Dans sa jeunesse, il avait vu dans la critique, dans l'avènement universel de l'esprit critique la condition d'une vraie vie morale et religieuse pour l'humanité. La limite et l'erreur des religions, pensait-il, c'est qu'exprimant fortement un certain côté de l'âme, elles laissent dans la nuit tous les autres quand elles ne vont pas jusqu'à les mépriser et les proscrire. La vérité, c'est toute l'âme, c'est tout ce qui est en l'homme d'humain. Ce fond spirituel s'étend trop loin et a quelque chose de trop sublime pour que nous en puissions prendre possession par la seule conscience personnelle et subjective. Mais il s'est exprimé dans l'histoire humaine, dans tous les monuments religieux, artistiques, poétiques, dans toutes les créations politiques et sociales. C'est là qu'il le faut recueillir pour nous le rendre présent. Par la critique seule, l'humanité apprendra ce qu'elle est, se tiendra tout entière sous son propre regard, et, de plus en plus exaltée par cette révélation, continuera avec d'autant plus de force et d'enthousiasme qu'elle sera devenue plus consciente

et plus orgueilleuse de ce qu'elle fait, à
« organiser Dieu ».

Il s'ensuit que, pour le présent, la tâche
du philosophe consiste à s'assimiler tous les
résultats des sciences historiques, à les embrasser et les organiser, à en nourrir en soi
une idée de l'humanité, sinon encore complète, du moins la plus riche, la plus noble,
la plus fine qui se puisse présentement. Or
c'est ici que M. Séailles nous montre que le
principe même du génie historique et littéraire de Renan contient le secret de son
instabilité philosophique et morale. On com-
prend, en effet, un Descartes faisant reposer
toute sa philosophie sur des notions insuffi-
santes peut-être, mais claires et de raison.
La conception que Renan nous propose
comme la plus proche du vrai, n'est, à vrai
dire, qu'une vaste évocation d'états psychologiques, c'est-à-dire qu'elle fait bien plus
appel à l'imagination, à la sensibilité morale
qu'à la réflexion. Elle doit donc participer
de ce qu'il y a dans ces facultés d'essentielle-
ment individuel et de mouvant, se ressentir
de la différence des tempéraments, et des
âges et aussi de ces impressions décisives

par lesquelles les faits extérieurs désorientent parfois et retournent nos goûts, nos passions et nos expériences. Renan n'a échappé, d'après M. Séailles, à aucun de ces dangers. Le plus considérable lui vint de la guerre de 1870, laquelle détermina dans le monde tout spirituel, où, idéaliste dédaigneux, il s'était mû jusque-là, un véritable bouleversement. L'étude de cette crise est une des parties les plus neuves, les plus solides, les plus méritoires du livre de M. Séailles.

M. Séailles ne s'est pas borné à réfuter Renan par lui-même. Il a parfois fait intervenir sa propre philosophie. Rarement, il est vrai, et d'une manière un peu réservée, significative pourtant. Si nous essayons de résumer ces traits intentionnellement épars, voici à peu près comment on peut exprimer l'opposition fondamentale du critique et de l'auteur.

C'est un des dogmes de Renan que l'âge de la réflexion est venu. « Il n'y a pas plus de cinquante ans, écrit-il, que l'humanité a aperçu son véritable but. » Il faut que, désormais, elle fasse avec conscience et intelligence ce qu'elle a accompli jusqu'ici sans le savoir. —

Mais, répond en substance M. Séailles, quelque part que l'on accorde à l'inconscient et au spontané dans la formation des religions, et même des philosophies, on ne saurait nier que toutes aient pour origine un certain acte de raison. Car toutes répondent à un pourquoi. Or l'inconscient ne s'interroge pas plus que l'instinct : il développe son œuvre sans se retourner vers elle pour la comprendre. Au contraire, on peut dire que la raison tient tout entière dans la question la plus confusément posée. Car c'est être déjà affranchi des choses que de prétendre — par quelques inefficaces moyens qu'on y doive travailler — s'en rendre compte. Et la plus grossière mythologie, étant un essai d'explication des rapports de l'homme avec l'univers, suppose que l'homme s'est posé la question de ces rapports, elle a donc son origine dans un acte de libre réflexion. Il n'y a pas pour l'humanité un « âge de la réflexion ». C'est la réflexion sur soi et sur le monde qui caractérise l'humanité. Le premier qui a été homme a voulu savoir pour agir. Renan croit que les conceptions philosophiques et les rêves religieux de l'humanité organisent peu à peu la raison en se massant et se fondant ensemble. Si la raison n'est pas dans le détail, elle ne saurait se trouver dans le tout. La raison ne s'élabore pas. Elle s'affirme tout entière dans chaque effort de comprendre. Ce que Renan traite comme des éléments de la raison est déjà son œuvre. A vrai dire, cette œuvre ne se continue pas par l'apport successif des générations, à la manière d'un mur. Chacun la recommence en se plaçant, non pas en présence de la masse des monuments écrits légués par le passé, mais directement en présence de lui-même, de la nature et de la vie.

FIN

# TABLE DES MATIÈRES




PARIS. — TYP. PLON-NOURRIT ET Cⁱᵉ, 8, RUE GARANCIÈRE. — 30044.

www.ingramcontent.com/pod-product-compliance
Lightning Source LLC
LaVergne TN
LVHW050139180726
843501LV00012B/782